Xpert.press

Die Reihe **Xpert.press** vermittelt Professionals in den Bereichen Softwareentwicklung, Internettechnologie und IT-Management aktuell und kompetent relevantes Fachwissen über Technologien und Produkte zur Entwicklung und Anwendung moderner Informationstechnologien.

Olaf Berberich

Trusted Web 4.0 – Konzepte einer digitalen Gesellschaft

Konzepte der Dezentralisierung und Anonymisierung

Springer Vieweg

Olaf Berberich
Krefeld, Deutschland

ISSN 1439-5428
Xpert.press
ISBN 978-3-662-49189-8 ISBN 978-3-662-49190-4 (eBook)
DOI 10.1007/978-3-662-49190-4

Die Deutsche Nationalbibliothek verzeichnet diese Publikation in der Deutschen Nationalbibliografie; detaillierte bibliografische Daten sind im Internet über http://dnb.d-nb.de abrufbar.

Springer Vieweg

Gedruckt auf säurefreiem und chlorfrei gebleichtem Papier.

Springer Vieweg ist Teil von Springer Nature
Die eingetragene Gesellschaft ist Springer-Verlag GmbH Berlin Heidelberg

Vorwort

► Jeder wird in den nächsten zehn Jahren von der digitalen Transformation betroffen sein.
Wird die Technik uns in Zukunft beherrschen oder wird Sie uns helfen?
Technik ist weder gut noch böse. Doch nur, wenn sich breite Konsumentengruppen für eine lebenswerte Zukunft einsetzen, wird es diese auch geben.
Dieses Buch bildet auch für den Laien eine Grundlage, um die Chancen und Risiken der Digitalisierung zu verstehen.

Zunehmend wird heute der Mensch von neuer Technologie überrollt. Gleichzeitig entsteht eine unsichere Situation durch neue Risiken, wie Cyber War und Cyberkriminalität. Es entwickelt sich ein undifferenziertes Unbehagen in breiten Bevölkerungsschichten. Jeder sollte dieses Unbehagen durch eine fundierte Meinung ersetzen.

Der Ansatz der Dezentralisierung und Anonymisierung zeigt, dass es keine grundsätzlichen technischen Hindernisse für ein viel sichereres Internet gibt. Vielmehr gelangt das ursprünglich als militärische Infrastruktur geplante Internet zu seiner vollen Entfaltung, wenn alle Straßenverkehrsteilnehmer für das autonome Fahren automatisiert miteinander kommunizieren und viele Milliarden Geräte im „Internet der Dinge" miteinander verbunden sind.

Anstatt auf Basis der Erfahrungen neue Konzepte umzusetzen, stehen Führungskräfte aus Politik und Wirtschaft der Entwicklung weitgehend ratlos gegenüber.

Alle diejenigen, für die die Konzepte in diesem Buch zu weit gehen, seien angeregt, sich mit eigenen kritischen Beiträgen an der gesellschaftlichen Diskussion zu beteiligen. Alles ist besser als die heutige Lethargie und Selbstverliebtheit der Zentralisierungsbefürworter.

Trusted Web 4.0 – Konzepte einer digitalen Gesellschaft ist der kleine Bruder von *Trusted Web 4.0 – Bauplan für die digitale Gesellschaft*, welches für Führungskräfte und aktive Gestalter der digitalen Zukunft bestimmt ist. Wenn Sie nicht selbst als Führungskraft in die Organisation von digitalen Wertschöpfungsprozessen, IT-Sicherheit und Datenschutz eingebunden sind, also nicht so weit in die Tiefe gehen wollen, um Trusted Web 4.0 selbst umzusetzen, dann empfehlen sich die *Konzepte einer digitalen Gesellschaft*. Jeder ist von der digitalen Transformation betroffen. Jeder sollte sich hierzu eine eigene Meinung bilden. Wenn Sie *Konzepte einer digitalen Gesellschaft* gelesen haben, können Sie die bestehenden zentralisierten IT-Tendenzen verstehen und hinterfragen. Zudem erfahren Sie, warum wir uns in der entscheidenden Phase der Weichenstellung für die Entwicklungen der nächsten Jahrzehnte befinden.

► Jede Stimme für Trusted Web 4.0 ist eine Stimme für den Erhalt der Demokratie!

Seit 1999 beschäftigt sich der Autor mit einem sicheren Internet. Während nach dem Platzen der Dotcomblase deutsche und europäische Konsortien sehr gute Konzepte in der Schublade verschwinden ließen, arbeitete er unbeirrt weiter an der Idee eines Internets, welches vom Menschen beherrscht wird und nicht den Menschen beherrschen soll.

Anfang 2008 veröffentlichte er sein erstes Buch: *7/11 Insiderstory des Wandels in Deutschland 1999–2015*. In diesem Zusammenhang definierte er den Begriff des Trusted Web 4.0.

► Trusted Web 4.0 ist die Integration aller über das Web verfügbaren Ressourcen in ein Gesamtsystem.
Maschinen, Geräte und Menschen sind global erreichbar in dezentralisierten, anonymisierten Strukturen organisiert.
Trusted Web 4.0 bildet vordigitale Gesellschaftsstrukturen ab.
Die Wertschöpfungsketten werden neu organisiert.

Trust bedeutet Vertrauen

Im Zusammenhang mit Web 4.0 ist nicht das blinde Vertrauen von Menschen auf die Zuverlässigkeit der Technik gemeint. Vielmehr bildet das steigende Misstrauen der Menschen gegenüber der Technik den Nährboden für Lösungen, die Menschen nicht bevormunden, sondern als im positiven Sinne kritische Partner in eine Win-win-Situation einbinden wollen.

Vertrauen ist gut, Kontrolle ist besser

Wenn Millionen von Daten unkontrolliert abfließen, dann liegt das oft daran, dass nachhaltige Stabilität von Institutionen zugunsten kurzfristiger Rationalisierungseffekte durch Zentralisierung aufgegeben wird.

Das Buch zeigt, mit welchen technischen und organisatorischen Maßnahmen Institutionen eine der vordigitalen Gesellschaft zumindest entsprechende Sicherheit wiederherstellen können.

Der einzelne Mensch steht im Mittelpunkt

In einer mobilen Welt übernimmt er verschiedene Rollen, als Arbeitnehmer, Geheimnisträger und Privatperson. Der Mensch sollte im Mittelpunkt eines jeden Sicherheitskonzepts stehen. Damit er sich und entsprechend seiner Rolle andere schützen kann, muss er die Prozesse, in die er eingebunden ist, verstehen können. Er soll die Verfügungshoheit über alle seine Daten erhalten. Nur so kann er echte Verantwortung übernehmen.

Technik muss sich den Menschen unterordnen. Damit die Technik vom Menschen akzeptiert wird, sollte die Kommunikation zwischen Mensch und Technik den Regeln der menschlichen Kommunikation angepasst werden.

Das Buch beleuchtet interdisziplinär die soziologischen, rechtlichen, organisatorischen und technischen Grundlagen für eine digitale Transformation. Im Ergebnis bildet es die Grundlage für die Entwicklung neuer disruptiver Technologien für neue nachhaltige Geschäftsmodelle.

Im Folgenden wurden aus Gründen der Lesbarkeit bei den Begrifflichkeiten nicht beide Geschlechtsformen berücksichtigt. Hierdurch soll jedoch kein Geschlecht diskriminiert werden.

Abkürzungsverzeichnis

5G	Nachfolger des derzeitigen Standards LTE (4G)
BSI	Bundesamt für Sicherheit in der Informationstechnik
BYOD	Bring your own device
DDoS	Distributed denial of service
DoS	Denial of service
GAC	Governmental Advisory Committee
GISAD	Global Institute for Structure relevance, Anonymization and Decentralization
IANA	Internet Assigned Numbers Authority
ICANN	Internet Corporation for Assigned Names and Numbers
M2M	Kommunikation zwischen Maschinen
PDS	Persönliches digitales System
TLD	Top-Level-Domain
XML	Extensible Markup Language

Inhaltsverzeichnis

Abbildungsverzeichnis

Soziologische Grundlagen 1

► Technik muss sich an die Gesellschaft anpassen und nicht die Gesellschaft an die Technik.

1.1 Kommunikationspsychologische Grundlagen

► Eine Kommunikationsstörung zwischen Mensch und Technik ist ursächlich für die fehlende Akzeptanz von Onlinewerbung, Apps und dem Internet der Dinge.

Schon immer war Sprache die mächtige Waffe zur Differenzierung der gebildeten Herrschenden von weniger gebildeten Bevölkerungsgruppen, aber auch zur Unterdrückung (Wirtisch et al. 2001). Im Rahmen der digitalen Transformation gewinnt die Kommunikation zwischen Mensch und Maschine, aber auch zwischen den Maschinen untereinander (M2M) an erheblicher Bedeutung. Es hat sich, gerechtfertigt durch technische Notwendigkeiten, eine Parallelwelt der Kommunikation mit Netzwerkprotokollen, Maschinen- und Programmiersprachen entwickelt. Die derzeitige Forderung, dass Menschen sich an die Technik, zum Beispiel durch das Erlernen von Programmiersprachen, anpassen, gelangt da an ihre Grenzen, wo Menschen zu dieser Anpassung nicht oder nicht mehr bereit sind bzw. in Zukunft Maschinen sich zunehmend selbst programmieren. Die M2M-Kommunikation von mit künstlicher Intelligenz ausgestatteten Systemen wird menschlichem Zugriff völlig entgleiten, wenn nicht bereits in der Konzeption von M2M-Kommunikation die Menschen generell berücksichtigt sind. Kommunikation ist viel mehr als reine Sprache. Alle Aspekte der menschlichen Kommunikation müssen auch bei der Kommunikation zwischen Menschen und Maschinen berücksichtigt werden, sonst kommt es zu schwerwiegenden Kommunikationsstörungen.

Trusted Web 4.0 transformiert die vordigitalen Errungenschaften in eine digitale Gesellschaft. Diese Studie stellt das Grundgerüst für eine an die menschliche Kommunikation angepasste technische Kommunikationsstruktur dar.

O. Berberich, *Trusted Web 4.0 – Konzepte einer digitalen Gesellschaft*, Xpert.press,
DOI 10.1007/978-3-662-49190-4_1

1.1.1 Anonyme Kommunikation

► Vordigitale Errungenschaften sind das Ergebnis gesellschaftlichen Konsenses und sollten erhalten bleiben.

Es gibt viele Gelegenheiten, in denen wir heute anonym mit anderen Menschen kommunizieren und sogar Geschäfte abwickeln. Wir empfangen Päckchen, ohne zu wissen, wie der Paketbote heißt, wir heben am Bankschalter Geld ab und kennen den Bankmitarbeiter nicht. Beide Personen nehmen wir anhand von Merkmalen wie einer Uniform oder wegen eines besonderen Standorts in ihrer Funktion wahr.

Aber wir können auch problemlos mit völlig Fremden kommunizieren, ohne sie als Funktionsträger zu erkennen. Aufgrund seines Verhaltens stufen wir jemanden als Einheimischen ein und fragen ihn nach dem Weg.

In den folgenden Abschnitten wollen wir uns ein Beispiel näher ansehen: Eine Person als „Sender" fragt eine zweite Person als „Empfänger" nach der Uhrzeit.

An diesem einfachen Beispiel „Zeitmesser" können sowohl die geschichtliche Entwicklung von Kommunikation mit Technik als auch die verschiedenen Dienstleistungskommunikationsprozesse erläutert werden.

Zeitmesser gab es schon in Form von Sonnenuhren 3000 v. Chr. (Wikipedia 2015, Geschichte der Zeitmessgeräte). Die Natur hat die Maßstäbe gesetzt, nach denen schon 2000 v. Chr. die Tage in zwei Zwölf-Stunden-Zeiträume eingeteilt wurden. Die Idee der Sonnenuhr wurde auf die analoge Uhr und später auf die digitale Uhr übertragen. Zeitmesser unterlagen bisher einem stark vereinfachten Kommunikationsprozess, da sie an bekannten Stellen, wie zum Beispiel Kirchtürmen, aufgehängt wurden und ihre Bildsprache über viele menschliche Sprachen hinweg eindeutig ist.

Mit dem Smartphone hat sich das verändert. Wer eine analoge Uhr auf seinem Smartphone darstellen will, muss mit ihm kommunizieren. Es erfolgt ein komplexer Prozess von Aktionen und Interaktionen, bis der Nutzer die Uhrzeit erhält. Uhr-Apps haben meistens gegenüber anderen Apps den Vorteil, dass ihre Funktion eindeutig bestimmt ist. Selbst wenn die Uhr-App nicht nur über eine Zeitanzeige, sondern auch über einen Wecker und eine Stoppuhr verfügt, so kennt man diese Funktionen bereits von aufwendigeren Analoguhrmodellen.

Die nächste Evolutionsstufe ist die Smartwatch. Sie gaukelt uns optisch eine analoge Uhr vor, kann aber meist noch mehr als das Smartphone, da sie mit dem Nutzer fest verbunden zum Beispiel dessen Puls messen kann.

Zeit wird zukünftig eine immer größere Rolle spielen. In der Programmierung spricht man von zeitkritischen Prozessen, in der M2M-Kommunikation von kurzen Latenzzeiten und so weiter.

Der Zeitmesser selbst mag noch für den ein oder anderen ein Modeaccessoire bleiben. Sein modischer Aspekt wird aber in Zukunft hinter Systemen zur Abfrage komplexer Aufgaben, wie zum Beispiel die Erinnerung an einen Termin bei gleichzeitiger Ticketbestellung, verschwinden.

Während eine analoge Uhr noch von jedem technisch Begabten zerlegt und die Funktion der Einzelteile im Wesentlichen verstanden werden konnten, erschließen sich uns in Zukunft die im Hintergrund ablaufenden Programmprozesse nicht mehr.

Im „Internet der Dinge" wird auch der PC selbst noch einem Wandel unterliegen, weil das uns unterstützende „persönliche digitale System" (PDS) die Summe aller vernetzten Devices ausmachen und nicht mehr in einer Kiste mit einem Monitor zu finden sein wird. Umso wichtiger wird es sein, mit personenbezogenen Daten sparsam umzugehen.

Ein Sender ist weder, wenn er einen Unbekannten nach der Uhrzeit fragt, noch, wenn er auf die Kirchenuhr sieht, gezwungen, seine Anonymität aufzugeben. Und wenn er 10.000 € in der Tasche trägt, die er vorher bei der Bank abgehoben hat, kann er diese Information für sich behalten, wenn er sich nach der Zeit erkundigt. Je nach undurchsichtiger Berechtigungseinstellung seines Devices erhält hingegen die Zeit-App bei ihrem Aufruf auch die Geoangaben über seinen Bankbesuch.

In Zukunft sollen wir mit menschlicher Sprache oder mit Gesten Anweisungen geben können oder wir werden – wie bei den selbstfahrenden Autos – vom Kommunikationsprozess ausgeschlossen. Im Zweifel werden uns Maschinen dann vernichten, weil wir ihren Zielen nicht mehr entsprechen (Bostrom 2014).

Ein wesentlicher Grund, warum wir dazu neigen, Verantwortung an technische Systeme abzugeben, ist die vordergründige Steigerung unserer Convenience (s. Kap. 2, Abschn. 2.2). Auf der anderen Seite bieten autonome Roboter erstmalig die Möglichkeit einer dezentralen Vernetzung intelligenter Systeme. Auch wenn diese Intelligenz bisher noch auf die vorprogrammierten Verhaltensmöglichkeiten begrenzt ist, weisen die ersten technischen Systeme eine Komplexität auf, die einen der menschlichen Kommunikation vergleichbaren komplexen und standardisierten Informationsaustausch erforderlich machen (s. Kap. 1, Abschn. 1.1.8).

1.1.2 Das Vier-Seiten-Modell der Kommunikationspsychologie

► Kommunikationspsychologische Aspekte spielen auch eine Rolle in der Kommunikation zwischen Mensch und Technik.

Trusted Web 4.0 möchte die IT an die Menschen anpassen. Am Beispiel der Zeit kann man gut erkennen, wie Technik aus der Natur entstanden ist und sich die entsprechenden Begriffe anhand des Verständnisses von Technik entwickelt haben. Die digitale Transformation hingegen bildet nicht mehr einzelne für den Menschen verstehbare Techniken ab, sondern transformiert komplette Arbeitsabläufe in digitale Prozesse. Wenn der Mensch beherrschender Teil dieses Kommunikationsprozesses bleiben soll, dann muss die Mensch-Maschinen-Schnittstelle zuerst nach dem Menschen und dann nach der Maschine ausgerichtet werden. Erkenntnisse der menschlichen Kommunikation sind soweit möglich auf die M2M-Kommunikation und die Kommunikation zwischen Menschen und Maschinen zu übertragen.

Nun mögen Techniker erwidern, dass technische Kommunikation sich ja eben durch Eindeutigkeit auszeichnet. Trojaner und Viren zeigen aber deutlich, wie eine vordergründige Nachricht auch technisch für einen anderen Zweck missbraucht, also mit mehreren Bedeutungen versehen werden kann.

Es ist eine menschliche Stärke und die Quelle der Kreativität, dass menschliches Denken unterschiedlich ist. In der Vergangenheit ist es uns hervorragend gelungen, die Individualität der Menschen zu fördern und trotzdem die für eine Verständigung notwendige Standardisierung durch Sprache zu erreichen. Die Kommunikation auf das reine Vermitteln von Nachrichten zu reduzieren, greift zu kurz. Eine gesunde menschliche Kommunikation ist eine Interaktion unter Einbeziehung aller Sinne, in der Ungenauigkeiten durch wiederholtes Nachfragen ausgeräumt werden können. Kommunikationsstarke Menschen sind hierüber in der Lage, die Botschaft hinter der Botschaft eines Senders zu erkennen.

Technische Kommunikation findet heute noch im Wesentlichen zwischen zwei Softwareprogrammen statt, die nur eine kleine Anzahl von Wenn-dann-Möglichkeiten zulassen. Hingegen werden sich die Möglichkeiten der Kommunikation autonomer Systeme durch höhere Freiheitsgrade der „intelligenten" Software der menschlichen Kommunikation nähern. Ein echter Mehrwert für die Menschen wird sich hieraus nur ergeben, wenn autonome Systeme das Wesen menschlicher Kommunikation verstehen und ein technisches Äquivalent entwickeln, welches den Möglichkeiten menschlicher Kommunikation möglichst nahekommt.

Die Kommunikationspsychologie benutzt folgendes Modell, um Störungen in der Kommunikation zu verstehen und zuzuordnen: Jede Nachricht hat vier Seiten. Betrachtet man die unterschiedlichen Seiten, versteht man, wie Missverständnisse entstehen können. Das Vier-Seiten-Modell in Abb. 1.1 (Thun 2015) stellt in diesem Buch die Grundlage für einen Vergleich zwischen menschlicher und maschineller Kommunikation dar.

Die Sachebene entspricht am ehesten der technischen Kommunikation. In unserem Beispiel informiert der Sender darüber, dass er eine Information über die Zeit benötigt.

Die Selbstkundgabe ist das, was der Sender über sich preisgibt, und hat erheblichen Einfluss darauf, ob der Sachinhalt der Nachricht wahrgenommen wird. Sieht der Sender aus, als ob er auf der Straße geschlafen hätte, wird der Empfänger möglicherweise vermuten, dass der Sender in Wirklichkeit betteln will und die Frage nach der Uhrzeit nur einen Vorwand darstellt. In der M2M-Kommunikation fehlt die Selbstkundgabe bisher völlig.

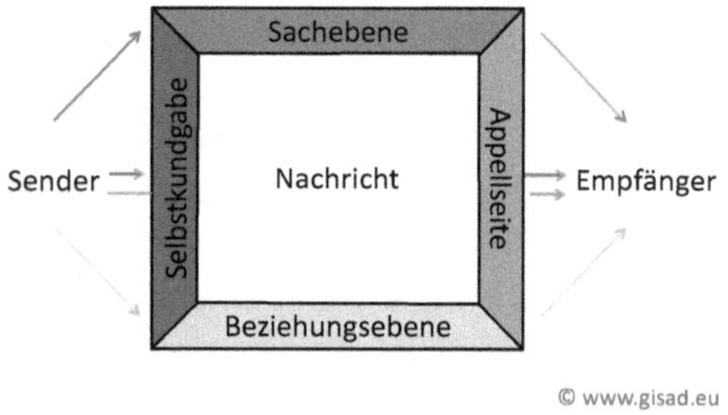

Abb. 1.1 Grafische Darstellung des Vier-Seiten-Modells. (Thun 2015)

In der Beziehungsebene kommt die tatsächliche oder vermutete Wertschätzung der Gesprächspartner zueinander zum Ausdruck. Hierüber kann der Sender möglicherweise erkennen, dass der Empfänger die Uhrzeit nicht mitteilen wird, weil er die Hautfarbe des Senders nicht akzeptiert. Auch hierfür gibt es bisher keine Entsprechung in der M2M-Kommunikation.

Die Appellseite enthält die Erwartung des Senders, vom Empfänger als Antwort die Uhrzeit zu erfahren. Wenn er auf der Sachebene nicht fähig war, eine verständliche Frage zu stellen, wird auf der Appellseite möglicherweise der Empfänger nicht in der Lage sein, eine Antwort zu geben. Eine Entsprechung in der M2M-Kommunikation wäre ein „Handshake", welcher die Beantwortung einer Frage erwartet.

Was auf den ersten Blick als fehleranfällige menschliche Schwäche interpretiert werden kann, ist in Wirklichkeit ein sehr komplexer Prozess, der technisch nur sehr schwer nachzubauen ist. An dieser Stelle ist es von Nachteil, dass Menschen sehr anpassungsfähig sind. So haben viele Nutzer bereits erhebliche Zugeständnisse an eine reduzierte Kommunikation gemacht, um digitale Produkte kostengünstig und Informationen ohne Zeitverzögerung zu erhalten. Diese Vorteile sind inzwischen in Onlineshoppingportalen weitgehend ausgereizt.

Die verschiedenen Betrachtungsseiten menschlicher Kommunikation zeigen die Vielschichtigkeit, die es uns ermöglicht, anonymisiert miteinander erfolgreich zu kommunizieren und trotzdem Manipulationen durch den Kommunikationspartner weitgehend einzuschränken. Kommunikationspsychologen beschäftigen sich im Wesentlichen mit Kommunikationsstörungen. Die meisten Menschen sind in der Lage, uneindeutige Situationen durch einen erneuten Aufbau einer Kommunikation zu lösen. „Ich komme gerade vom Abenteuerspielplatz", würde in unserem Beispiel die Zweifel, ob der Fragende betteln will, innerhalb von wenigen Sekunden zerstreuen.

Eine im Sinne der Menschen erfolgreiche digitale Transformation kann nur funktionieren, wenn man möglichst viele Aspekte menschlicher Kommunikation auf die Kommunikation zwischen Menschen, digitalen Devices und Maschinen überträgt. Im Gegensatz zu einer kurzzeitigen Unterwerfung unter die reduzierten Kommunikationsmöglichkeiten von Shoppingportalen bringen Menschen große Widerstände auf, wenn es um die permanente und allumfassende Unterwerfung unter eine technische reduzierte Kommunikation geht.

1.1.3 Die vier Dienstleistungskommunikationsprozesse

► Gleichbleibende Prozesse dienen als Grundlage für Standardisierungen.

Wenn es einen Appell vom Sender zum Empfänger gibt, dann kann die erwartete Reaktion des Empfängers als Dienstleistung an den Sender verstanden werden. Die Dienstleistungskernprozesse sind die Anfrage einer Dienstleistung, ihr Erhalt, das Bezahlen und das Empfehlen des Dienstleisters (s. Abb. 1.2).

Abb. 1.2 Dienstleistungskommunikationsprozesse

Ein Kunde fragt nach der Dienstleistung „Zeitangabe". Er erhält die aktuelle Zeit. Üblicherweise bezahlt er durch ein „Dankeschön". Möglicherweise fühlt sich eine ältere Dame durch die freundliche Art des Dienstleisters veranlasst, diesen zu fragen, ob er ihr über die Straße helfen kann. Eine Empfehlung funktioniert also auch automatisch durch Auswertung des positiven Verlaufs der ersten drei Prozesse.

In jedem einzelnen der Kommunikationsprozesse hat das Vier-Seiten-Modell Gültigkeit. Nicht nur in der Mensch-Maschine-Kommunikation, auch in der Kommunikation zwischen Menschen mittels Technik ist der Wegfall der emotionalen Informationen über die Selbstkundgabe und die Beziehungsebene ein großes Problem.

Derzeit erfolgt die M2M-Kommunikation noch in einem geschlossenen Kreislauf. Innerhalb einer Fabrik sind die Beziehungen zwischen den Maschinen statisch fixiert. Hierbei können keine Probleme in der Selbstkundgabe und auf der Beziehungsebene entstehen, weil keine Kommunikation mit einem offenen Ende und unbekannten Partnern geführt wird, sondern die Möglichkeiten der Kommunikation zwischen Maschinen auf Variablen innerhalb weniger Parameter begrenzt sind. Zum Beispiel meldet eine Maschine: „Ich übergebe ein Produkt zu Weiterbearbeitung" oder „Ich habe einen Fehler, wähle eine andere Zuliefermaschine an." Es spricht nichts dagegen, dass in Zukunft Roboter, die zum Beispiel über alle Produktionsfertigungseigenschaften in der Textilfertigung verfügen, automatisiert, inklusive des Bezahlens, den gesamten Dienstleistungskommunikationsprozess direkt mit dem Kunden durchlaufen. Hierzu müssten Selbstkundgabe und Beziehungsebene im hohen Maße in die Maschine-Mensch-Kommunikation eingebunden sein. Mensch und Maschine sind dabei besser geschützt, wenn sie anonym bleiben. Gezielte Angriffe werden nicht auf unbekannte Ziele durchgeführt.

1.1.4 Probleme auf der Beziehungsebene

► Kommunikationsstörungen haben extreme Auswirkungen auf die Akzeptanz von Technik.

Obwohl die Beziehungsebene bisher von den Device-Designern nicht berücksichtigt wurde, existiert sie. Unbeirrbar fordert Technik eine bestimmte Vorgehensweise ein. Wenn der Nutzer eine Smartphonetaste zu lange drückt und dadurch nicht der Bildschirm an-, sondern sein Smartphone ausgeht, dann wird die Kommunikationsstörung der Technik als Benutzerfehler betrachtet. Tatsächlich besitzen besonders ältere Nutzer möglicherweise nicht mehr die erwarteten haptischen Fähigkeiten oder Reaktionszeiten. Einem menschlichen Kommunikationspartner würde man wahrscheinlich sagen: „Wenn du nicht mit mir reden willst, dann ist das dein Problem." Der Nutzer wiederum akzeptiert die Technik nicht, wenn er sich bevormundet fühlt.

Hinter jeder Technik stehen zumindest heute noch menschliche Entwickler, welche die Anforderungen ihrer Auftraggeber umsetzen. Viele Geschäftsmodelle moderner Apps basieren auf schneller Verbreitung durch vordergründig kostenlose oder kostengünstige Dienstleistungen. Das eigentliche Geschäft wird mit der Auswertung personenbezogener Daten generiert. Spätestens nach der Sensibilisierung durch die Presse entsteht so eine Kommunikationsstörung auf der Beziehungsebene, die zur Verweigerung der Kommunikation führen kann: „Dann installiere ich eben keine Apps mehr!" Selbst junge gesunde Nutzer können diese Kommunikationsstörung nicht durch Nachfragen beheben: „Warum bietest du mir die Zeitinformation nur an, wenn ich dir meinen genauen Standort mitteile? Kann ich dir nicht alternativ meine Zeitzone mitteilen?". Gesunde Menschen zeichnen sich gerade dadurch aus, dass sie wie im nichtdigitalen Leben gestörte Kommunikation zum Selbstschutz vermeiden.

Zudem muss in der Kommunikation zwischen Menschen und Maschinen immer eine Hierarchie eingehalten werden. Ein zukünftiges PDS sollte sich jederzeit dem Menschen unterordnen. Das geht bekannterweise nicht durch ständige Widerworte. Einen ersten Versuch in diese Richtung bilden Navigationssysteme. Eine immer gleich ruhige Stimme macht Routenvorschläge. Werden die Vorgaben nicht eingehalten, stellt sich das System ohne Widerworte auf die neue Situation ein.

Selbst Menschen mit kognitiven Beeinträchtigungen sollten im Rahmen ihrer Möglichkeiten noch in der Lage sein, Entscheidungen zu treffen und die Oberhand über das PDS zu behalten. Wir werden eines Tages von Maschinen beherrscht, wenn wir der Technik erlauben, Entscheidungen zu treffen, uns ohne unser Wissen zu überwachen oder in unserem Namen Handlungen durchzuführen. Unabhängig vom Appell der Maschine an den Menschen und der vermittelten Sachinformation, muss zu jeder Zeit eine Beziehung zwischen der Technik als Dienstleister und dem Menschen als wertgeschätzten Kunden aufrechterhalten werden.

1.1.5 Probleme bei der Selbstkundgabe

► Technik muss eine klare Rolle als untergeordneter Helfer einnehmen.

Die Versuche, Roboter menschlich aussehen zu lassen, damit sie akzeptiert werden, gehen in die völlig falsche Richtung. Technik muss in ihrer Funktion erkannt werden und nicht einen gefälschten Menschen vorgaukeln. PDS sollten Fragen stellen, wenn sie nicht weiterwissen und sie sollten die Privatsphäre und Wünsche des Kunden achten. Das ist weit weniger kompliziert, als es sich anhört.

Wenn ein Kühlschrank das Essen nachbestellen will, dann ist ein Prozess vorzuschalten, in dem der Nutzer gefragt wird, ob jetzt eine Bestellung mit entsprechendem Inhalt abgeschickt werden soll. Diese Fragen sollten zu Zeiten gestellt werden, wenn sie situativ angebracht sind. Wer gelegentlich Fastenwochen einlegt und dann unerwünschte Lieferungen erhält, wird mit seinem „intelligenten" Kühlschrank nicht froh.

Eine Unzahl von personenbezogenen Daten wird mit dem vordergründigen Ziel gesammelt, den Kunden besser verstehen zu können. Diese Daten bedeuten Macht in den Händen der Verwerter, egal ob es sich dabei um Großrechner oder Menschen handelt. Sie bieten aber aus der Sichtweise individueller und kreativer Individuen keinen echten Mehrwert für die Kunden.

So wundert es nicht, wenn eine aktuelle Studie in Bezug auf das „Internet der Dinge" die Frage nach der Überforderung der Verbraucher stellt (eco-Verband der deutschen Internetwirtschaft e. V. 2015a). Immerhin ein Drittel der Befragten hat Angst vor möglichem Kontrollverlust. Wenn Maschinen nur das tun, was ihre Hersteller wollen, und die Dienstleistung nicht als Hilfe empfunden wird, dann werden diese Maschinen nicht akzeptiert. Entsprechend wird sich hoffentlich eine direkte IPv6-(Internet-Protocol-Version-6-)Vernetzung mit Kommunikation aller Dinge untereinander nicht durchsetzen.

Die Alternative ist ein PDS, welches zum Beispiel im Smart-Home-Bereich alle mögliche Kommunikation von Devices zu Systemen außerhalb des Hauses so aufbereitet, dass den Nutzern verständliche Fragen zu anstehenden Aufgaben gestellt werden können. In der Kommunikation sollte das PDS nur dann die einzelnen Devices und ihre technischen Funktionen im System erläutern, wenn es danach gefragt wird. Ansonsten entspricht es den Menschen viel eher, wenn über Aufgaben gesprochen wird. Welche Teile des Systems wie an der Erfüllung einer Aufgabe beteiligt sind, ist normalerweise uninteressant. Die Kommunikation mit externen Teilnehmern im Internet sollte in jedem Einzelfall nur nach Erlaubnis durch den menschlichen Benutzer mittels zwischengeschaltetem PDS möglich sein.

1.1.6 Möglichkeiten der menschlichen Kommunikation

► Menschliche Kommunikation ist viel komplexer als der reine Austausch von Sachinformationen.

Die menschliche Kommunikation in ihrer häufigsten Ausprägung findet und fand „face to face" mit gesprochener Sprache statt. Hierbei benutzen wir alle unsere Sinne meist unbewusst, um auf der Beziehungsebene eine Einordnung vorzunehmen und uns über die Selbstkundgabe darzustellen. Einem geschickten Verkäufer gelingt es, eine hohe Übereinstimmung zwischen den einzelnen Seiten des Vier-Seiten-Modells herzustellen. Anders gesagt, wenn es ihm über die Beziehungsebene gelingt, als sympathischer Helfer mit Know-how verstanden zu werden und eine vollkommene Übereinstimmung mit der Selbstkundgabe des Kunden, sei es auch nur durch fehlenden Widerspruch, besteht, dann werden auch Sachinhalt und Appell akzeptiert und das Produkt wird gekauft. Das stärkste Argument, warum sich die „face to face"-Kommunikation bis heute gehalten hat, ist die Echtzeitmöglichkeit der Auseinandersetzung des Empfängers mit dem Sender. Bevor sich Missverständnisse festsetzen, können sie in einer gesunden Kommunikation ausgeräumt werden. Oft geht es auch nicht um Missverständnisse, sondern um verschiedene Standpunkte, die in einer ständigen Feinjustierung und in erneutem Senden von abgestimmten Nachrichten der Kommunikationspartner dazu führen, dass am Ende ein Konsens erzielt werden kann.

Die schriftliche Kommunikation zwischen Menschen hat den Nachteil, dass eine Vielzahl von Sinnen nicht zur Verfügung steht und die Feinjustierung nicht mehrfach und direkt, sondern über längere Zeiträume wesentlich seltener stattfindet. Auch hier sind die grundlegenden Probleme aufseiten der Selbstkundgabe und der Beziehungsebene zu finden. Durch einen leichtfertig geschriebenen Satz, kann der Sender einen Empfänger ungewollt verletzen. Briefe von einem durch den Empfänger nicht wertgeschätzten Sender werden nicht gelesen. Hierfür reicht möglicherweise schon aus, dass ein Empfänger einen Sender nicht persönlich kennt. Eine anschließende Korrektur ist wesentlich schwerer möglich.

Diese Nachteile können durch die Vorbereitungszeit teilweise ausgeglichen werden. Eine präzise mit einem umfangreichen Vokabular versehene Stellungnahme kann auf Kompetenz hinweisen. Schriftliche menschliche Kommunikation hat den Vorteil, mögliche Diskriminierungen einer „face to face"-Kommunikation, zum Beispiel durch ein unvorteilhaftes Äußeres, zu vermeiden. Auch erzeugt die schriftliche Kommunikation eine langfristige Verbindlichkeit.

1.1.7 Digitale Kommunikationsprothesen

► Technik ist nicht menschlich, aber sie kann an menschliche Bedürfnisse optimal angepasst werden.

„Eine Prothese in der Medizin bezeichnet den Ersatz von Gliedmaßen, Organen und Organteilen durch künstlich geschaffene, funktionell ähnliche Produkte" (Wikipedia 2015, Prothese).

Funktionell ähnlich bedeutet nicht gleich. In der Regel bietet eine Prothese also nicht die gleichen Eigenschaften wie das Original. Manchmal gelingt es, einzelne Eigenschaften besser als beim Original zu gestalten. So gelang es dem südafrikanischen Sprinter Oscar Pistorius, mit Beinprothesen sogar schneller zu laufen, als Menschen mit gesunden Beinen dies können. Bei Prothesen werden immer Teile des Menschen durch Technik ersetzt.

Bei Kommunikationsprothesen ersetzen von Dienstleistern standardisierte Abläufe und darauf abgestimmte Standardnachrichten die Menschen im Kommunikationsprozess. Seit der Entstehung des Internets gab es zahlreiche Versuche, Kommunikationsprothesen zu entwickeln. So hat man zum Beispiel versucht, in Onlineshops Avatare (virtuelle Figuren als Verkaufsberater) zur Steigerung der Markenloyalität einzusetzen (Huber et al. 2011). Natürlich ist eine Steigerung überall da möglich, wo entsprechender menschlicher Einsatz geleistet wird. So ist das Ergebnis: „je größer die Expertise eines Avatars, desto positiver die Einstellung des Konsumenten gegenüber diesem Avatar", nicht gerade verwunderlich. Anders gesagt, je mehr menschlicher qualitativer Input hinterlegt ist, desto größer der Erfolg. Wenn man eine überschaubare Anzahl standardisierter unveränderlicher Produkte an eine große homogene Gruppe verkauft, lohnt sich der Einsatz von Avataren.

IT wird meistens eingesetzt, um Prozesse zu rationalisieren, sprich menschliche Arbeitskräfte zu ersetzen. Wenn die Erstellung der Grundinformationen für ein Avatarsystem einen vergleichbar hohen Aufwand bedeutet, wie zum Beispiel den zusätzlichen Einsatz von Callcentermitarbeitern, wird man die menschliche Kommunikation immer der Maschine vorziehen. Eine Prothese bleibt eine Prothese. Zudem handelt es sich im Onlineshop um sehr einfache Kommunikationsvorgänge, welche nicht zeitkritisch sind. Bei den meisten Standardprodukten gibt es außerdem die Möglichkeit, sich vorher in einem Laden persönlich „face to face" beraten zu lassen.

Weitere Versuche, die Beziehungsebene und die Selbstkundgabe der Kunden anzusprechen, findet man in einer auf einer Vielzahl von gesammelten Daten basierenden Werbung. Zwar kennen Datenverwerter im Zweifel das historische Verhalten eines Kunden besser als er selbst, trotzdem lässt sich hieraus nur begrenzt sein zukünftiges Verhalten ableiten. Wenn ein Nutzer sich ein Kochbuch kauft, um seine Freundin mit seinen Grundkenntnissen zu überraschen, heißt das nicht, dass er zum Kochprofi werden und weitere Kochbücher kaufen wird.

Ein wesentliches Problem fast aller auf Big Data beruhenden Kommunikationsprothesen liegt darin, dass die Datensammlung, Datenverwertung und das Angebot nicht auf das situative Kundenbedürfnis angepasst sind, sondern zu dem angebotenen Zeitpunkt eher störend wirken. Zudem gibt es kein Regulativ, welches Werbung ausblendet, bevor der Nutzer bewusst oder unbewusst wegen der Reizüberflutung abschaltet. Ein besonders negatives Beispiel stellt die Werbung bei den HD-Programmen der RTL-Gruppe dar. Einen aufgenommenen Film kann nur sehen, wer die Werbung laufen lässt. Ein Vorspulen ist nicht möglich. Hier wird Technik in schlimmster Weise eingesetzt, um den Nutzer dem Werbetreibenden zu unterwerfen. Ist der Nutzer zu dieser Unterwerfung nicht bereit, wird er Strategien entwickeln, um die Technik in seinem Sinne oder gar nicht zu benutzen.

Eine zielführende Kommunikation sieht anders aus. In der Realität freut sich die Werbewirtschaft über steigende Umsätze, weil Werbetreibende immer mehr Geld aufwenden müssen, um bei dem Werbeüberangebot überhaupt noch vom Kunden wahrgenommen zu werden.

Solche Konzepte sind nicht auf eine vertrauensvolle Kommunikation zwischen Maschinen und Menschen im „Internet der Dinge" übertragbar. Die Kommunikationsvorgänge innerhalb der digitalen Transformation werden viel komplexer. Entweder erfolgt eine totale Bevormundung durch nach Vorgaben und Datenmaterial durchgeführte Datenanalysen oder es müssen Systeme geschaffen werden, welche eine überschaubare Menge relevanter einfacher Nachrichten in einem vertrauensvollen Beziehungsumfeld, situativ zur Selbstkundgabe passend, in die Kommunikation mit dem Nutzer einbringen.

Somit stellt sich die Frage, ob das willkürliche Sammeln von meist personalisierten Daten überhaupt dem Interesse der Anbieter als zahlenden Werbekunden dient oder die Werbekunden in Wirklichkeit die globale Überwachung und Manipulation und damit für Interessen Dritter bezahlen, anstatt sich auf eine wirkungsvolle Kommunikation mit ihren Kunden zu konzentrieren.

1.1.8 Netzaufbau nach dem menschlichen Verständnis

► Das menschliche Weltbild muss auf die Möglichkeiten der Technik übertragen werden.

Voraussetzung für eine funktionierende Mensch-Maschine-Kommunikation ist die Schaffung eines standardisierten Kommunikationskonzepts, welches über die unterschiedlichen menschlichen und Computersprachen hinweg funktioniert. Das Konzept muss gleichermaßen für alle Anwendungen offen sein wie für alle Anwendungen den gleichen Einstieg bieten. Rechte und Rollen der Anwendungen müssen im einfachen absoluten Zugriff der Nutzer liegen und verständlich sein. Apps, die generell eine Liste von Berechtigungen einfordern, bestehen damit auf einen unzulässigen Machtanspruch der Technik über den Menschen. Auch wenn dieser Machtanspruch derzeit durch die Hersteller gegenüber den Menschen ausgeübt wird, wird er dadurch in der zukünftigen Positionierung der Technik zum Menschen bereits manifestiert.

Der Machtanspruch des Menschen über die Technik sollte rechtlich und gesellschaftlich noch relevanter sein, als der Datenschutz. Schließlich ist der Datenschutz gewährleistet, wenn der Nutzer die Kontrolle über seine Daten erhält.

Das Smartphone ist in vielerlei Hinsicht ein Zwischenschritt zu einer funktionierenden Mensch-Maschine-Kommunikation. So wird man aufgefordert, unterschiedlichste Updates zu installieren, teilweise von Applikationen, die man nicht kennt. Rechtlich richtig teilen einem die Apps dann mit, welche Zugriffsrechte sie haben wollen. Eine mit diesem Prozess vergleichbare menschliche Kommunikation liefe etwa so ab:

App: „Ich muss dringend ein neues Update installieren."

Nutzer: „Warum?"

App: „Vielen Dank, dass Sie sich für unser Produkt entschieden haben, bitte geben Sie uns folgende Berechtigungen frei".

Der Nutzer hat die Entscheidungsfreiheit, den Prozess nicht weiterzuverfolgen und möglicherweise später für eindringende Viren verantwortlich zu sein. Zudem wird er immer wieder an die Installation des neuen Updates erinnert. Das ist ein typisches Beispiel einer gestörten Kommunikation durch eine unvollständig entwickelte Kommunikationsprothese.

Eine Mensch-Maschine-Kommunikation kann nie dem Original der menschlichen Kommunikation entsprechen. Sie kann aber versuchen, sich mithilfe von durchdachten Konzepten der menschlichen Kommunikation zu nähern und diese eventuell in einzelnen Bereichen sogar zu übertreffen.

Menschen sind nicht nach Apps und Zugriffsrechten, sondern nach täglichen Aufgaben und Ereignissen organisiert (Abb. 1.3). Ein die Mensch-Maschine-Kommunikation berücksichtigendes Betriebssystem muss vergleichbar organisiert sein. Der hierarchische Anspruch des Menschen, über der Technik zu stehen, kann nur sichergestellt werden, wenn der Mensch alle ihn betreffenden Daten kontrolliert. Diese Daten sollten dafür nur über sein PDS zur Verfügung gestellt werden und nicht verstreut und oft ohne in der Funktion der App begründete Notwendigkeit bei unterschiedlichen Herstellern liegen.

Unterschiedliche Navigationsoberflächen der Apps können nützlich sein, müssen aber durch einen zentralen sprachlichen Zugang ergänzt werden, über den nicht der Name der Applikation, sondern die Lösung für eine Aufgabe gesucht wird. Bereits 2009 wurde ein solches Konzept entwickelt und erprobt (Berberich 2009–2011).

Ein PDS, das die Daten dezentral speichert und nur nach jeweiliger Nachfrage bei seinem Nutzer an Dritte weitergibt, kann situativ an den Kunden angepasst in zugeordneten Apps zum Beispiel Suchprozesse anstoßen. Allein durch die Ansprache in der richtigen Situation ist bereits die Übereinstimmung mit der Selbstkundgabe des Nutzers gegeben. Wenn nur ein PDS und nicht viele Apps mit dem Nutzer kommuniziert, kann auch eine langfristige Beziehung mit einer ständig verbesserten Kommunikation aufgebaut werden.

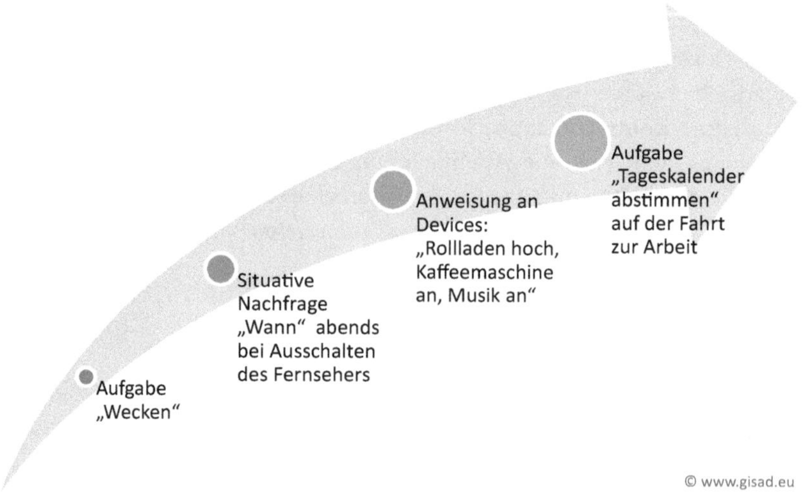

Abb. 1.3 Aufgabenorientierte Kommunikation

Trotzdem kann das Konzept zu App-Anbietern offen sein. Anstelle von „kostenlosen“ Apps, die sich durch die Datenverwertung bezahlen lassen, würden Kunden sicherlich eine transaktionsabhängige Bezahlung, abhängig von der einzelnen Nutzung der jeweiligen App akzeptieren. Wenn die bestehende Wertschöpfungskette aufgebrochen würde, wäre ein solches Konzept über alle Wertschöpfungsprozesse betrachtet nicht teurer als bisher. Ein Kommunikationskonzept, welches die Kommunikation von Menschen zu Menschen, Menschen zu Maschinen und Maschinen zu Maschinen berücksichtigt, nennen wir auch Kommunikation 4.0.

1.1.9 Erweitertes Vier-Seiten-Modell der Kommunikation 4.0

► Missverständnisse auf allen vier Seiten müssen ausgeschlossen werden.

Ein gemäß dem Vier-Seiten-Modell aufgebautes technisches Kommunikationsmodell (Abb. 1.4) überträgt die Erkenntnisse der Kommunikationspsychologie auf ein technisch umsetzbares System.

„Ein Protokoll hält oder legt fest, zu welchem Zeitpunkt oder in welcher Reihenfolge welcher Vorgang durch wen oder durch was veranlasst wurde oder wird“ (Wikipedia 2015, Protokoll).

Der Begriff „Protokoll“ kommt der Sicht der Sachebene recht nahe. Zudem beschreibt er eine Mindestanforderung an sowohl die menschliche als auch die technische Kommunikation. Menschen passen sich im Laufe von Generationen an veränderte Rahmenbedingungen an. So hat die Einführung der Schriftsprache auch zu einem veränderten Denken geführt. Bei der Arbeit mit erwachsenen Analphabeten hat sich gezeigt, dass diese sehr große Schwierigkeiten haben, chronologisch und vollständig Sachverhalte wiederzugeben (Wikipedia 2015, Netzwerkprotokoll; Berberich und Schmidt 1991).

Menschen und intelligente Technik werden sich im Laufe der Zeit in der Art des strukturierten Vorgehens aneinander angleichen. Dabei ist soweit möglich die Technik an den Menschen anzupassen.

Technische Protokolle sind in ihrer Definition den durch Menschen erstellten Protokollen sehr ähnlich:

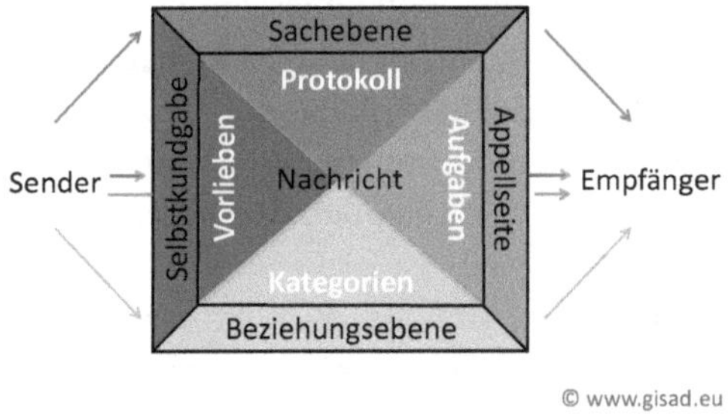

Abb. 1.4 Organisation des Trusted Web 4.0 nach dem Vier-Seiten-Modell

„Ein Netzwerkprotokoll ist ein Kommunikationsprotokoll für den Austausch zwischen Computern bzw. Prozessen, die in einem Rechnernetz miteinander verbunden sind“ (Wikipedia 2015, Netzwerkprotokoll).

Aus Sicht der menschlichen Kommunikation bietet die Sachebene die Basisinformation der Kommunikation. Die wesentlichen Bestandteile der Sachebene werden von der technischen Kommunikation bereits berücksichtigt.

Die Selbstkundgabe wird im Wesentlichen dadurch erfüllt, dass der Sender seine Vorlieben mitteilt. Die Stärke von IT ist die automatische Verarbeitung von ständig wiederkehrenden Prozessen. Dabei sind die Vorlieben die Variablen der definierten Parameter. Vorlieben bleiben in der Regel bei dem jeweiligen Sender gleich oder werden erweitert, selten jedoch reduziert. Bei gleichbleibenden Variablen ist ein Automatisierungsprozess möglich. Zusätzlich ist dadurch, dass ein intelligentes PDS gelegentlich situativ passende Fragen zu den Vorlieben stellt, z. B. „Schmeckt es oder ist es zu wenig gesalzen?“, auch in der Mensch-Maschine-Kommunikation die Weiterentwicklung des technischen Empfängers durch Aufnahme weiterer Selbstkundgabe des menschlichen Senders sichergestellt.

Es bedarf allerdings noch eines semantischen Konzepts, welches der Technik ermöglicht festzustellen, welche Applikationen an veränderte Vorlieben angepasst werden müssen und in welchen Gesamtkontext ein Protokoll zu stellen ist. Hier geht es also um die Beziehungsebene. Das PDS muss verstehen, was die durch Technik beeinflussbaren Eigenschaften sind.

Versuche, den Sinn ganzer Sätze dem Computer verständlich zu machen, sind im Rahmen des Semantic Web gescheitert. Dieses Konzept wäre auch viel zu aufwendig. Es geht nicht um semantische Wolken, sondern um die Standardisierung von Beziehungen. Die Beziehung wird definiert durch die Funktion, welche ein Empfänger erfüllt, um dem Appell eines Senders gerecht zu werden. Wir erkennen den Postboten an seiner Uniform und wir wissen, welche Aufgaben mit seiner Funktion verbunden sind. Dadurch definieren wir eine Erwartung an die Beziehung zu ihm. Hierbei benötigen wir eine hohe Verlässlichkeit, damit es nicht zu einer Beziehungsstörung und damit einer Kommunikationsstörung kommt. Fragt ein Sender einen Briefträger in Uniform: „Was kostet ein Brief mit 50 g?“, und der Briefträger antwortet: „Ich will meine Ruhe haben“, dann wird vom Briefträger eine Kommunikationsstörung verursacht. Er erfüllt seine an der Uniform erkennbare Beziehung zum Sender nicht. Dabei interessiert erst einmal nicht, dass der Briefträger nach einem harten Arbeitstag auf dem Nachhauseweg ist. Eine Erklärung des Briefträgers könnte die Kommunikationsstörung beheben, würde aber im Zweifel den Eindruck einer unzuverlässigen Beziehung nicht ausräumen.

Auch in Zukunft bleibt eine technische Entsprechung auf der Beziehungsebene eine Kommunikationsprothese. Allerdings wird man sie akzeptieren, wenn sie ihren Vorteil der jederzeit verfügbaren Zuverlässigkeit ausspielt.

Der Computer ist nicht in der Lage, das Wesen der Dinge zu begreifen, zumindest nicht das menschliche Weltbild. Da hilft auch Deep Learning nicht weiter (Park 2014). Am Ende bleibt es bei einem fortgeschrittenen automatischen Cluster von semantischen Mustern.

Wenn der Mensch in Zukunft der beherrschende Kommunikationspartner sein will, dann muss er sein Weltbild erfassen und den Maschinen für die Kommunikation 4.0 zur Verfügung stellen. Die Neutralität eines solchen Weltbilds unabhängig von Interessengruppen ist sicherzustellen. Solch einen allgemein verbindlichen weltweit anwendbaren Standard für die Beziehungsebene haben wir in Form von 1000 Kategorien entwickelt und in mehreren Pilotprojekten umgesetzt (Berberich 1997–2014). Jeder Kategorie können technische Eigenschaften zugeordnet werden. Eine „Heizung“ kann man schalten, kaufen und sich darüber informieren. Zu „Politik“ kann man Events buchen oder sich informieren (Abb. 1.5).

Die Smart-Home-App, welche eine Heizung schalten will, erhält im dargestellten Beispiel (Abb. 1.5) nur anonymisierten Zugriff gemäß den Freigaben für Wohnung Nr. 6. Sie weiß nicht, wo die Wohnung liegt oder wem sie gehört.

Es erfolgt nicht immer der Sucheinstieg zu Google, sondern möglich ist auch die Nutzung einer der Kategorie entsprechenden Spezialsuchmaschine. Über den Filter kann der Nutzer Vorlieben einschränken, z. B. nur im Luxussegment suchen, oder auch Mehrdeutigkeiten vermeiden. Zum Beispiel: Sind mit Viren „Computerviren“ oder „Krankheitsviren“ gemeint?

Auf den Shop gehe ich im Folgenden näher ein.

Wenn Apps sich dieser allgemein verbindlichen und eindeutigen Systematik unterordnen, gehen sie zu den Nutzern eine Beziehung mit eingeschränkten Rechten ein. Automatische Standardrechte je Kategorie dämmt der Nutzer individuell weiter ein. Apps oder Maschinen werden einer Kategorie zugeordnet und sind an die Minimalrechte gebunden, welche notwendig sind, um die Vorlieben der Nutzer zu erfüllen.

Aus Sicht des Kommunikationsmodells ergeben sich die Aufgaben und der sich daraus formulierende Appell auf der Appellseite aus der Abstimmung mit den durch die Vorlie-

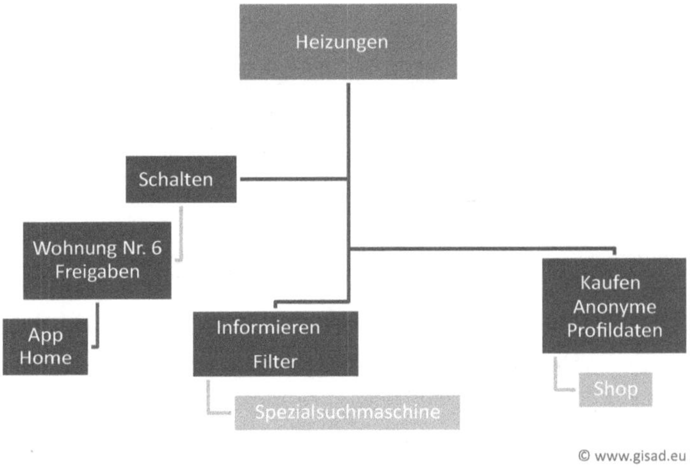

Abb. 1.5 Individuelle Einstellung der durch das PDS zur Verfügung gestellten Informationen

ben und Eigenschaften der zugeordneten Kategorien definierten Freiheitsgraden und der situativ angepassten Sachebene. Die zu Anfragen an das PDS passenden Kategorien können in einem patentierten Verfahren automatisch identifiziert werden (Berberich 1999).

1.1.10 PDS als Weiterentwicklung eines Softwareagenten

► Das Individuum benötigt ein digitales Äquivalent, welches gleichzeitig umfassend die Bedürfnisse seines Besitzers kennt und die Informationen darüber schützt.

In den 1990er-Jahren träumten wir von persönlichen Agenten im Netz, die für uns automatisch Aufgaben erledigen (Stricker 1996). Dass sich solche Agenten bisher nicht durchgesetzt haben, liegt in erster Linie an der zentralisierten globalisierten Wertschöpfungsprozesskette.

Großen Playern wie Google und Amazon ist es gelungen, ständige Kundenzugangsanbieter zu werden. Diesen Kundenzugang lassen sie sich kombiniert mit weiteren Dienstleistungen wie der Suchmaschine bei Google und der Logistikdienstleistung bei Amazon von Händlern und Dienstleistern bezahlen. Es ist zugunsten dieser Portale inzwischen ein Schneeballeffekt entstanden, gegen den neue Ideen nur schwerlich ankommen. Weil alle hier einkaufen oder sich hier informieren, gibt es die preiswertesten und „besten" Informationen. Dadurch, dass diese Portale gefolgt von Social-Media-Anbietern die meisten Daten sammeln, bekommen Händler und Dienstleister den Eindruck, die besten Informationen über das Verhalten der eigenen Kunden nur noch in Zusammenarbeit mit den Kundenzugangsoligarchen erhalten zu können.

So wurden die persönlichen Agenten auf Sprachassistenten reduziert, welche zu oben genannten Kundenzugangsanbietern führen. Neben einer Datensammlung mit zu Fragen gehörenden Antworten wird direkt an die hinterlegte Suche weitergeleitet (Mayrhofer 2015).

Hart ausgedrückt hatte und hat der Konsument keine eigene Lobby, die seine Interessen vertritt. Obwohl sich Web-2.0-Angebote selbst im Gegensatz zu den Push-Medien wie Fernsehen und Rundfunk als Pull-Medien verstehen, „bei denen der Informationsfluss in erster Linie vom Empfänger gesteuert wird" (Wikipedia 2015, Pull-Medien), ist doch festzustellen, dass sich dem Empfänger zahlreiche Barrieren in den Weg stellen. Diese sind zu überwinden, bevor von einer echten Steuerung durch den Empfänger gesprochen werden kann.

Tatsächlich löst der Besuch einer Webseite eine Vielzahl von Analyseprozessen und Push-Aktionen wie Werbe-E-Mails oder personalisierte Werbeanzeigen etc. aus, die sich der Einflussnahme des Empfängers entziehen. Mit dem Setzen von Lesezeichen und der Speicherung von Passwörtern haben Browser erste Funktionalitäten eines persönlichen Agenten übernommen. Beim Herunterladen von RSS-Feeds treffen Empfänger eine bewusste Selektion für einen automatisierten Prozess.

Allerdings werden auch hierüber Verhaltensmusterinformationen Dritten zur Verfügung gestellt, wobei es besonders kritisch zu sehen ist, wenn der Betreiber eines Browsers, wie bei Google Chrome, gleichzeitig der Hauptzugangsanbieter zu Informationen und auch noch einer der großen Datenverwerter ist.

Es ist nicht verwerflich, wenn Anbieter einer „kostenlosen" Dienstleistung im Gegenzug Daten als Tauschwert erhalten wollen. Allerdings muss der Nutzer die Wahl und die Möglichkeit haben, personenbezogene Daten so wenig wie möglich an Dritte herauszugeben und diese dezentral auf seinem PDS zu speichern.

Die Passwortspeicherung und die Vorbereitung von Bestellprozessen mit Eingabe der Kreditkartennummer sind derzeit weit entfernt von einer nutzerfreundlichen Prozedur, wie sie technisch möglich wäre. Hierdurch werden in der Kommunikation beim Kunden unnötig Aggressionen aufgebaut: „Warum geht das hier wieder anders?"

Permanent werden Menschen genötigt, sich mit unkreativen standardisierten Prozessen auseinanderzusetzen, welche von einem PDS viel besser und zuverlässiger abgewickelt werden könnten. Auch das ist ein wesentlicher Grund, warum viele alles bei Amazon bestellen, wo alle persönlichen Daten bereits hinterlegt sind.

Der wesentliche Unterschied dieser standardisierten Prozesse zu einer echten Kommunikation besteht darin, dass sie nicht ergebnisoffen verlaufen, sondern die Wünsche des Kunden mit dem Ziel des prozessoptimierten kostengünstigen Verkaufens in einen standardisierten Trichter leiten.

1.1.11 Der Anfrageprozess

► Prozesse müssen Kundenbedürfnissen und nicht Herstellerbedürfnissen gerecht werden.

Ich zeige am Beispiel der Druckerpatronenbestellung, wie komfortabel und einfach ein Bestellprozess mit einem PDS ablaufen könnte, ohne dass es irgendwelche Probleme mit dem Datenschutz gibt.

Heute suchen Kunden meist wiederkehrend bei Google oder Amazon nach dem Druckertoner oder kaufen beim Hersteller selbst, weil das bei kleinen Unternehmen oder im Privatbereich viel schneller geht, als die Rechnung vom letzten Jahr herauszusuchen. Insofern bietet Onlineshops, die sich einmal in einer Geschäftsbeziehung bewährt haben, die Arbeit mit dem PDS eine viel bessere Möglichkeit als heute, die Kundeneinstiegsoligarchen zu umgehen und eine direkte Beziehung mit dem Kunden aufzubauen.

Das PDS hat alle Daten zu vorherigen Bestellprozessen seines Nutzers dezentral abgespeichert. In unserem Beispiel ermittelt das PDS selbstständig drei Alternativen zum Einkauf des Toners. In dieser Kommunikation findet keine Bevormundung statt. Aber durch den Verlauf der Kommunikation lernt das PDS seinen Nutzer besser kennen (Abb. 1.6).

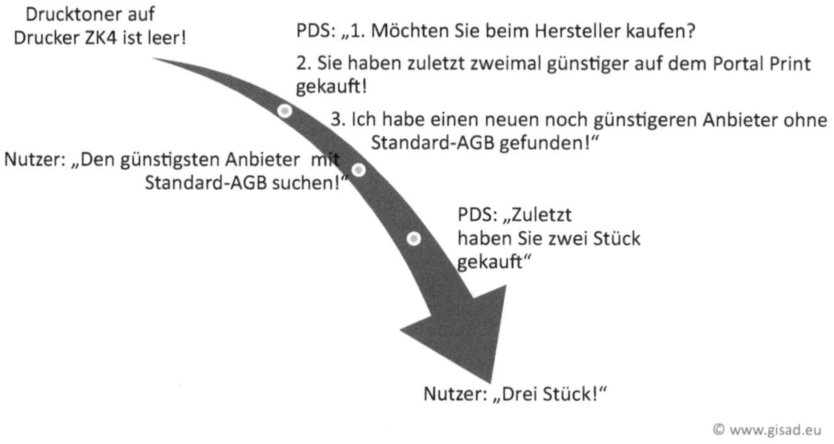

Abb. 1.6 Kommunikationsfreundlicher Anfrageprozess

Situativ, ohne sich hierdurch gestört zu fühlen, bewertet der Nutzer das Portal „Print" durch den erneuten Kauf auf diesem Portal positiv. Dass der Nutzer zum zweiten Mal nicht direkt beim Hersteller, sondern auf dem Portal „Print" kauft, hinterlegt das PDS als positive Bewertung für zukünftige Käufe.

Automatisch findet das PDS zum Beispiel über Google noch günstigere Anbieter. Das geht nur, weil es sich beim Toner für den Drucker „ZK4" um ein eindeutig definiertes Standardprodukt handelt. Der Nutzer entscheidet sich gegen die neuen Anbieter, weil diese keine Standard-AGB (allgemeine Geschäftsbedingungen) benutzen.

Derzeit werden seitenlange AGB von den Nutzern ungelesen akzeptiert. Solange es sich um Shops aus dem deutschen Rechtsraum handelt, mag der Verbraucherschutz so ausgereift sein, dass Kunden in den meisten Fällen hierdurch keine Probleme bekommen. Aber wenn AGB nicht gelesen werden, bietet deren Veröffentlichung für den Nutzer keine Sicherheit. Insbesondere in Bezug auf die Verwendung personenbezogener Daten räumen sich viele Anbieter durch AGB oder getrennte Datenschutzbestimmungen umfangreiche Rechte ein.

Es wäre sinnvoll, wenn man sich je Rechtsraum auf Standard-AGB einigen könnte. Das PDS wäre in der Lage, Abweichungen von dem Standard zu erkennen. Der Nutzer müsste nur die Abweichungen extra akzeptieren. Damit gäbe es für den Nutzer eine echte Rechtssicherheit. Wenn das PDS dem jeweiligen Shop mitteilen würde, wie viele Zeichen seiner AGB von den Standard-AGB abweichen, wäre das zudem eine wirkungsvolle Disziplinierungsmaßnahme. Shops würden sich genau überlegen, ob der Mehrwert durch die vertraglich individuell eingeräumten Rechte den möglichen Umsatzverlust rechtfertigen, weil der Nutzer, durch den Umfang des Vertrages abgeschreckt, ein wenig mehr Geld bei einem anderen Anbieter mit Standard-AGB ausgibt. Aktuell zwingt Google zur Akzeptanz seiner Datenschutzrichtlinien, wenn man weitersuchen will. Dies ist ein Vorgeschmack auf die Machtausübung, welche uns bevorsteht, wenn den Kundenzugangsoligarchen kein anderer Kundenzugang entgegengesetzt wird.

1.1.12 Der Bestell- und Bezahlprozess

► Kundenbindung muss durch Convenience und nicht durch Zwang erfolgen.

Ein wesentliches Kundenbindungsinstrument der großen Portale ist ein vordefinierter Bestell- und Bezahlprozess. In größeren Unternehmen besteht derzeit der Trend, die eigenen Datenbestände im Sinne von Big-Data-Analysen optimal für Vertrieb und Marketing aufzuarbeiten. Dagegen ist auch nichts einzuwenden. Jedoch reichen die von einem Anbieter vergebenen Bestellnummern und eventuell noch Kundennummern aus, um die Bedarfe eines Kunden zu erfassen. Wer der Kunde ist, ist nur im Sinne von vom Kunden häufig nicht gewünschten Push-Werbungen für den Anbieter interessant. Alternativ gibt es die Möglichkeit eines echten anonymisierten Pull-Verfahrens (getTIME.net GmbH 2011–2013).

Das PDS könnte aus der letzten Bestellung direkt die Artikelnummer übernehmen, sich beim Portal (PT) sicher anmelden sowie die AGB und den Bestellungsentwurf prüfen.

Trusted Web 4.0 nimmt sich die Errungenschaften der vordigitalen Welt zum Vorbild. Optimal wäre hierfür, wenn das PDS die Bestellung ausdrucken würde. Dann könnte die Bestellung auf Papier geprüft und wie früher unterschrieben werden. Der Scan mit Unterschrift würde dann von dem PDS auf Gültigkeit überprüft (Abb. 1.7).

Dagegen spricht die zunehmende Mobilität der Nutzer. Drucker stehen nicht bei jeder Bestellung zur Verfügung. Allerdings wäre auch auf Tablets eine handschriftliche Unterschrift möglich.

Erstaunlicherweise habe ich bei meiner Recherche keine Software gefunden, die sich mit der automatischen Identifizierung von Handschriften beschäftigt. Die Unterschrift wird biometrischen Merkmalen zugeordnet (Wikipedia 2015, Biometrie), hat aber den entscheidenden Nachteil, dass sie sich bis auf einige gleichbleibende Charakteristika im Laufe eines Menschenlebens verändert. Alle anderen zur Identifizierung benutzten biometrischen Merkmale haben zwar den Vorteil der Einmaligkeit und bieten damit die Möglichkeit der eindeutigen Zuordnung zu einer bestimmten Person. Gerade das führt jedoch

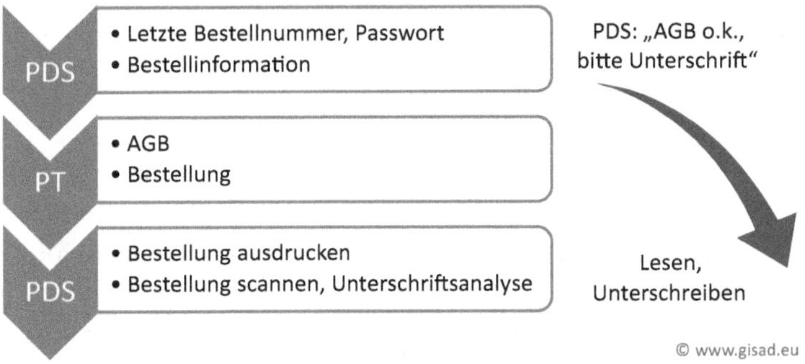

Abb. 1.7 Kommunikationsfreundlicher Bestellprozess

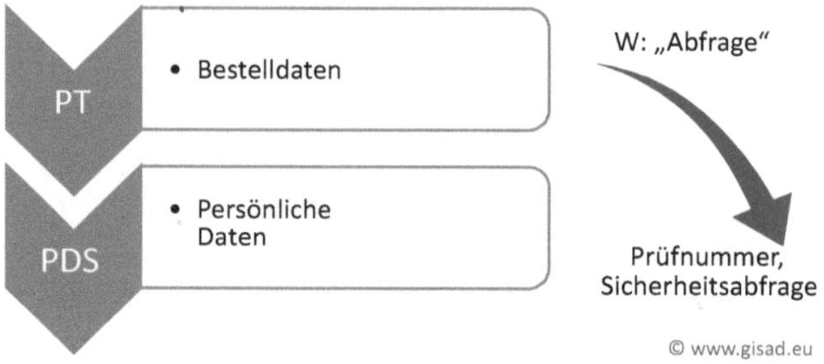

Abb. 1.8 Kommunikationsfreundlicher Bezahlprozess

dazu, dass ein einmal in die falschen Hände geratenes biometrisches Merkmal, ein Leben lang gegen einen Nutzer verwendet werden kann, ohne dass dieser die Möglichkeit hat, diese Daten zu verändern (Kremp 2015).

Üblicherweise übergeben Onlineshops bei Kreditkartenbezahlung den Kunden an eine sog. Wallet (W), also an eine Seite des Portals des Kreditkartensystems.

Es wäre möglich, das PDS zwischen das Shopportal und die Wallet zu schalten. Die lange Kreditkartennummer ist nutzerunfreundlich und könnte von dem PDS an die Wallet übergeben werden. Der Kunde würde nur die Prüfnummer und die Sicherheitsabfrage eintragen (Abb. 1.8).

Alternativ könnte das PDS auch eine anonyme Bezahlung zum Beispiel über Bitcoin durchführen.

Die Packstation bietet bereits die technischen, aber nicht die rechtlichen Möglichkeiten für eine anonyme automatisierte Zustellung. Die mit dem Postident-Verfahren erhaltenen Zugangsdaten sind mit einer eindeutigen Postnummer verknüpft. Die Postnummern müssten auf einzelne Postleitzahlen regionalisiert werden. Die personalisierten Daten wären dann dezentral beim jeweiligen Postamt gespeichert. Die Strafverfolgung wäre sichergestellt, da das mit der jeweiligen Postleitzahl verbundene Postamt nach richterlicher Verfügung im Einzelfall die Daten herausgeben muss. Eine zentrale Profilerstellung mit personalisierten Daten wäre nicht möglich.

1.1.13 Der Empfehlungsprozess

► Pseudonymisierte Empfehlungen sind ehrlicher.

Auch bei der Anzeige von Kundenbewertungen im Internet haben derzeit große Portale einen Wettbewerbsvorteil. Die meisten zufriedenen Kunden geben keine Bewertung ab. Portale, die eine geringe Anzahl des gleichen Produktes verkaufen, können in der vom Kunden wahrgenommenen Qualität der Bewertungen nicht mithalten, weil es einfach nicht genügend Bewertungen gibt und dadurch eine einmalige Negativbewertung ein Übergewicht erhält.

Social Media spielt eine immer größere Rolle in der Kundenbewertung und strebt den gläsernen Kunden an. Allerdings überwiegen in allgemeinen Portalen wie Facebook Massenphänomene wie Shitstorms. Aus Sicht der Datenverwerter bieten sich hier umfangreiche Möglichkeiten der Kundenanalyse. Aus Sicht des Kunden jedoch ist die Qualität von Social-Media-Aussagen nur bedingt geeignet, um sich ein objektives Bild zu machen.

Social-Media-Konzepte setzen bei der Selbstkundgabe und bei der Beziehungsebene an. In der Community wird jedoch die Botschaft des Einzelnen verwässert und die Sachebene oft ganz ausgeblendet. Richtig eingesetzt, können Social-Media-Konzepte als Kommunikationsprothesen für die Selbstkundgabe und die Beziehungsebene verwendet werden.

Berufsorientierte Portale wie XING und LinkedIn legen größeren Wert auf objektive Aussagen. Jedoch entsprechen sie dem ersten Eindruck in einem „face to face"-Kommunikationsprozess. Sieht derjenige gut aus? Hat er sich einen guten Internetauftritt gekauft? Wie alt ist er? Wen kennt er?

Die Kommunikationsprothese Social Media könnte besser sein, als der erste Eindruck in der Kommunikation, wenn die Beiträge der Teilnehmer pseudonymisiert wären. Schließlich kommt es darauf an, was jemand zu sagen hat und womit er sich auskennt, und nicht, wie schön er ist. In der „face to face"-Kommunikation gibt es viele Möglichkeiten, zum Beispiel ein unvorteilhaftes Äußeres durch eine freundliche Stimme oder ein aufgeschlossenes Verhalten wettzumachen. Bei der schriftlichen Kommunikation wiederum spielt nur die Qualität einer Aussage eine Rolle. Social Media befindet sich zwischen „face to face"- und schriftlicher Kommunikation.

Eine große Herausforderung der Zukunft ist der Wegfall von Arbeit und damit des Lebensinhalts der Arbeitenden durch Automatisierungsprozesse. Hier kann Social Media eine wichtige Rolle spielen, wenn ein objektives Bewertungssystem qualitativer Aussagen (getTIME.net GmbH 2011–2013) eingesetzt wird, statt Äußerlichkeiten zu bewerten. Im Sinne der ständigen Veränderungen unserer Welt sind hierbei aktuelle Aussagen viel wichtiger als in der Vergangenheit gemachte Abschlüsse oder besetzte Positionen.

Würde es eine solche Bewertung geben, könnte ein PDS allgemein anerkannte Aussagen in die Kommunikation mit dem Nutzer einfließen lassen und sich hierdurch weiterhin einer ergebnisoffenen Diskussion nähern.

1.1.14 Angepasste M2M-Kommunikation

► Erwartete Wertschöpfung wird nicht generiert, weil menschliche Bedürfnisse nicht berücksichtigt werden.

Der ökonomische Leidensdruck von Betrieben in Europa, M2M einzuführen ist erheblich. 82 % der in Deutschland befragten Betriebe glauben, dass M2M (automatisierter Informationsaustausch von Maschine zu Maschine) ganz oder zumindest teilweise ein zentraler Wettbewerbsfaktor für den Standort Deutschland wird. Allerdings verhindert bei

74 % der Befragten ganz oder teilweise die Angst vor Manipulation von außen den Einsatz von M2M (eco-Verband der deutschen Internetwirtschaft e. V. 2015b). Wenn neue dezentralisierte Sicherheitskonzepte besser werden, wird es in Europa leichter sein, abgekoppelt von amerikanischen Zentralisierungstendenzen, Maschinenbauern einen der vordigitalen Zeit nachempfundenen Weg des Trusted Web 4.0 nahezubringen.

In der gleichen Studie bemängeln 90 %, dass sich mangels einheitlicher Branchenstandards M2M nicht oder nur teilweise umsetzen lässt. Es ist also nicht zu spät, sondern gerade jetzt der Zeitpunkt, um z. B. wie vorgeschlagen über die in einem weltweiten Kategorienstandard hinterlegten Eigenschaften den M2M-Standard festzulegen.

87 % wissen nicht oder nur teilweise, wie man Services oder gar Daten vermarktet.

Im ersten Schritt müssen sich Unternehmen darüber klar werden, welche Funktion sie zukünftig in den Märkten erfüllen wollen. Die digitale Transformation bricht die Wertschöpfungsketten und die Funktionen von Unternehmen auf. Wer Maschinen/Roboter besitzt, welche auf Kundenwünsche individuell angepasste Komplettprodukte erstellen können, wird darüber nachdenken, diese Produkte den Kunden direkt über das Internet anzubieten. Ab einer entsprechenden Variationsbreite der auszuliefernden Produkte kann möglicherweise ein Onlinekonfigurator schneller, rechtsverbindlicher und preiswerter Produkte verkaufen als ein echter Verkäufer. Das geht aber nur, wenn die Störungen in der Onlinekommunikation beseitigt werden.

Ein PDS, das auf die individuellen Bedürfnisse seines Besitzers situativ eingeht, behebt einerseits die Kommunikationsstörungen und ist andererseits optimal für die Bedienung des Onlinekommunikators geeignet, wenn hierfür die Abfragemasken standardisiert sind.

Es gibt keinen Grund, warum die Kommunikation zwischen den Maschinen einem anderen Standard genügen sollte als die Kommunikation zwischen Mensch und Maschine. Die Maschine ist Dienstleister für einen Kunden. Auch hierbei spielt es keine Rolle, ob der Kunde im Rahmen eines Zulieferprozesses eine weitere Maschine oder ein Mensch ist.

In einem optimierten Prozess suchen sich Maschinen andere Maschinen mit passenden Fähigkeiten, kommunizieren mit diesen über eine dezentrale Vernetzung anonym und rechnen die Dienstleistung über anonymisierte Bezahlung ab. Der Mensch muss jedoch immer Herr des Verfahrens bleiben und ähnlich den oben beschriebenen Shopprozessen eine Dienstleistung und deren Bezahlung freigeben sowie die Qualität bewerten.

In unserem grafischen Beispiel (Abb. 1.9) kann ein Kunde, ein Händler oder ein Zulieferer für Komplettcontainer eine Heizung bestellen. Jede der 1000 Kategorien (hier Heizungen) bedingt eine andere Abfrageverzweigung, welche innerhalb der Kategorie allerdings standardisierbar ist.

Für die Fachabteilungen großer Unternehmen, insbesondere für den Bereich der technischen Produkte, wurde das Klassifizierungssystem eCl@ss (Wikipedia 2015, eCl@ss) entwickelt. Dieses hierarchische System ist zu komplex und zu speziell, um vom Kunden als Laie benutzt zu werden. In der Tiefe stützt es sich auf DIN-Normen, die nur den entsprechenden Fachabteilungen bekannt sind. Sie bilden damit das auf die Produkte reduzierte technische Weltbild der Hersteller ab. Die 1000 oben genannten Kategorien dagegen bilden für jeden verständlich die Lebensbereiche aller Kunden ab. Politik und Philosophie etc. sind nicht Bestandteil von eCl@ss. Bei der Erstellung der entsprechenden Eigenschaftsabfragen kann im Einzelfall geprüft werden, ob es sinnvoll ist, mit vorhandenen Standards und Konzepten kompatible Abfragekonzepte zu entwickeln. Darüber hinaus können in der M2M-Kommunikation die Eigenschaftsbeschreibungen umfangreicher sein als beim Kunden angezeigt.

Wenn jedoch ein PDS einen solchen Abfrageprozess nicht mit jedem Nutzer erfolgreich durchlaufen kann, dann ist eine durchgängige Kommunikation vom Kunden bis zur letzten Zuliefermaschine nicht möglich.

1.1.15 Berücksichtigung der Stärken der Gesprächspartner

▶ Eine Standardisierung der M2M-Kommunikation nach dem menschlichen Weltbild ist Voraussetzung für jede Mensch-Technik-Interaktion.

Wenn es darum geht, sich wiederholende Prozesse durchzuführen oder standardisierte Prozeduren abzurufen, spielt Technik ihre Stärken aus. Derzeitige autonome Systeme arbeiten aber immer noch im Rahmen der programmierten Freiheitsgrade und sind nicht wie der Mensch in der Lage, sich auf unbekannte Situationen einzustellen. Das allgemein anerkannte arbeitspsychologische Konzept (Gesellschaft der Arbeit und Ergonomie online e. V. 2015) nennt die Merkmale persönlichkeitsfördernder Arbeit beim Menschen: Ganzheitlichkeit, Anforderungsvielfalt, Möglichkeiten zur sozialen Interaktion, Autonomie und Lern- und Entwicklungsmöglichkeiten.

Autonome Systeme können zu geschätzten Gesprächspartnern des Menschen werden, wenn sie deren Schwächen kompensieren. Dabei ist klar, dass es nur darum gehen kann, dem Mensch als Entscheider Hilfestellungen zur Verfügung zu stellen. Die Informationen sollten eindeutig und leicht verständlich sein. Im Regelwerk müssen die Systeme ein klares Rollen- und Rechteverständnis haben und dürfen nur in standardisierten Prozessen selbstständig über das Internet eine Kommunikation mit Dritten aufbauen (Abb. 1.9).

Bei allen Prozessen, die vom Standard abweichen, ist der Mensch in die Kommunikation einzubeziehen.

Insbesondere durch die Neuerungen von Providern getrieben, findet derzeit eine Entwicklung statt, welche die Kommunikationsstörung zwischen Mensch und Maschine verschärft und den einseitigen Machtanspruch der Technik manifestiert.

In der Beispielgrafik (Abb. 1.10) sind eine dezentrale und eine zentrale M2M-Kommunikation miteinander verglichen. Die Grafik erhebt keinen Anspruch auf vollständige Abbildung aller technischen Prozesse. So ist es auch in dezentralen Systemen möglich, zur Sicherstellung von Verfügbarkeit und Integrität die Kommunikation via Internet über zentrale Sicherheitsgateways aufzubauen.

Wichtig jedoch ist, dass durch übertriebene Zentralisierung nicht eine Entmenschlichung der Prozesse stattfindet. Wenn etwa ein Mitarbeiter nur noch für die Verwaltung

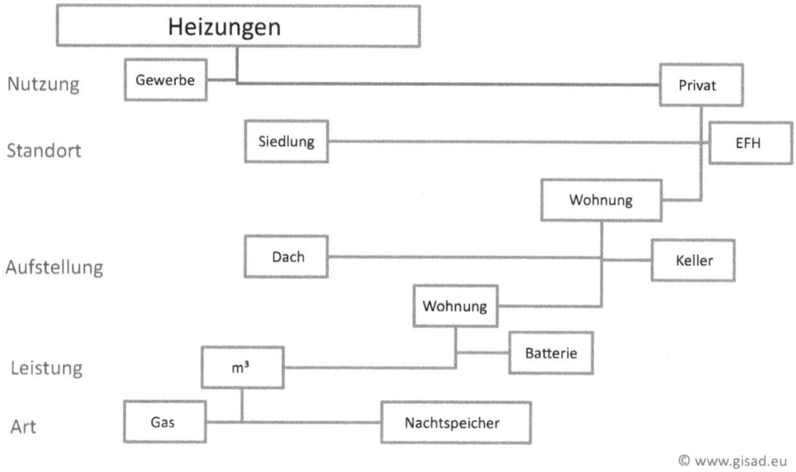

Abb. 1.9 Standardisierung von Eigenschaften auch für die M2M-Kommunikation

aller SIM-Karten zuständig ist, dann fehlt ihm der Überblick über die gesamte Arbeitskette. Nur weil eine Maschine mit heutiger Rechnerleistung ebenso gut 100.000 wie 10 SIM-Karten verwalten kann, heißt das nicht, dass die Zentralisierung und Reduzierung eines Arbeitsplatzes auf die Überwachung von 100.000 SIM-Karten der richtige Weg ist. 100.000 SIM-Karten bedeuten ein sehr lohnendes Ziel für einen Cyberangriff. Zudem fördert eine solche Zentralisierung die Abhängigkeit der Nutzer von der Technik, deren Komplexität nicht mehr beherrschbar und unverständlich ist. Anders gesagt, wenn der Mensch nicht entsprechend seinen Fähigkeiten eingesetzt wird, dann gibt es unweiger-

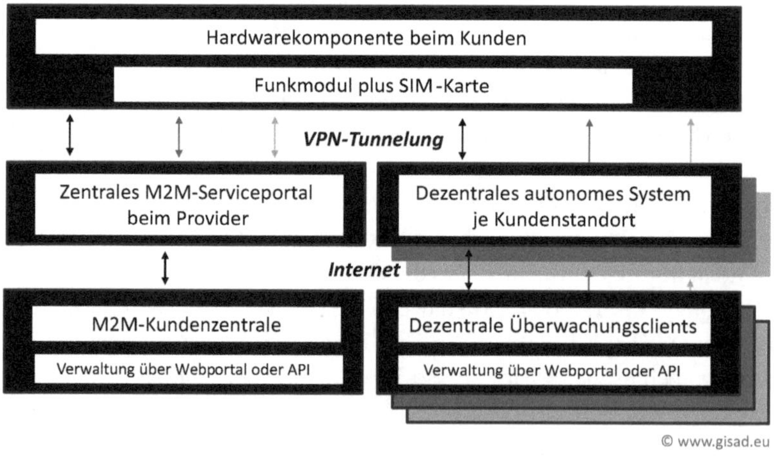

Abb. 1.10 Vergleich des Aufbaus von M2M-Komplettlösungen mit Funk

lich eine Störung auf der Beziehungsebene. „84 % der Verluste im IT-Sicherheitsbereich werden durch menschliche Aktivitäten verursacht" (ITDaily 2014).

Wenn auch oft unterbewusst, haben die Anwender längst den Kampf gegen die Technik aufgenommen. Wir stehen kurz vor einer Kommunikationsverweigerung der Menschen und ihrer inneren Kündigung. So lassen sich die vielen Rückschläge der doch so viel Optimierungspotenzial verheißenden digitalen Transformation erklären.

1.1.16 Chancen durch das Aufbrechen der Wertschöpfungsketten

► Die Individualisierung von Consumer-Produkten geht nur mit aktiver Mitbestimmung durch den Konsumenten.

Die digitale Transformation bildet eine einmalige, vielleicht sogar die letzte Möglichkeit, die Vorherrschaft des Kunden über die Produkte und die Technik zurückzugewinnen. Sie stellt alle Konzepte auf den Prüfstand. Auch die Global Player müssen sich neu aufstellen, um nicht abgehängt zu werden.

Die Verkürzung der Wertschöpfungskette auf den Onlineverkauf und die Produktion mit automatisiertem Druck wird im Digitaldruck bereits seit Jahren erfolgreich praktiziert. In Zeiten der 3-D-Drucker und intelligenten autonomen Robotersysteme wird dies in vielen Bereichen möglich werden. Eine optimale Auslastung der Maschinen bietet den höchsten Gewinn. Die Abfragemöglichkeit von freien Kapazitäten durch Maschinen oder Menschen fördert eine solche Auslastung.

Derjenige, der die Schnittstelle zwischen Menschen und Maschinen beherrscht, wird in Zukunft die Kontrolle über die Menschen haben. Wollen wir die vordigitalen demokratischen Errungenschaften aufrechterhalten, muss der Kundenzugang mit weitgehender Verfügungsgewalt des Kunden über seine persönlichen Daten ein genauso wichtiges persönliches Gut werden wie die anderen bürgerlichen Grundrechte.

Bei ausreichender Unterstützung durch Politik und Wirtschaft könnte ein solches PDS für ca. 50 € jedem Bürger zur Verfügung gestellt werden.

Durch die hierdurch auf alle Bereiche ausstrahlenden veränderten Anforderungen wird vor allem in der Werbung und dem Maschinenbau eine Sonderkonjunktur entstehen.

Bereits jetzt blockieren 25 % der deutschen Internetnutzer Werbung ganz. Adblocker verhinderten 2015 schätzungsweise 22 Mrd. US$ Umsatz (Brandt 2015). Überträgt man das auf den durch gestörte Kommunikation entgangenen Umsatz in allen Branchen, so kann man ein Vielfaches an Umsätzen erwarten, wenn die Erkenntnisse dieses Abschnitts (Kap. 1, Abschn. 1.1) konsequent umgesetzt werden.

1.1.17 Fazit

► Kommunikationsstörungen zwischen Mensch und Technik verhindern den Fortschritt der Digitalisierung in vielen Bereichen von konsumentennahen Produkten.

Im Bereich der privaten Hausautomatisierung wurden schon erhebliche Entwicklungsvorleistungen erbracht. Die Umsätze von Smart Home sind weit hinter den Erwartungen geblieben. Dem Smart-Home-Bereich wird trotz Barrieren ein hohes Wachstum zugeschrieben: „Eine stärkere Kundenorientierung, sodass die Kundenerwartungen und -anforderungen und nicht technische Gestaltungsmöglichkeiten im Zentrum stehen, ist ein Treiber im Markt“ (Mücke, Sturm & Company 2015).

Vor dem Hintergrund dieses Buches ist auch eine andere Interpretation der Situation möglich. Menschen leiden in ihrer Kommunikation mit der Technik unter einem durch Kommunikationsstörungen ausgelösten, zunehmenden Vertrauensverlust. Nur da, wo Technik einen so offensichtlichen Vorteil bietet, dass sich die Argumente für ihren Einsatz gegen die berechtigten Bedenken durchsetzen, wird sie im letzten Rückzugsbereich des Menschen, seiner privaten Wohnung, eingesetzt.

Wenn eine Kommunikation 4.0 aufgebaut wird, in welcher der Nutzer über eine Technik dominiert, welche die auf seine Bedürfnisse angepassten Regeln befolgt, wird Smart Home einen enormen Wachstumsschub erhalten. Hierdurch wird die Grundlage für eine Industrie 4.0 gelegt, die mit dem gleichen hier vorgestellten Kommunikationskonzept schrittweise die Wertschöpfungskette in ihrem Sinne verkürzt. Voraussetzung ist die Schaffung einer PDS-Struktur, welche die dezentrale Speicherung und die darauf basierende Analyse von zu automatisierenden Prozessen ihres Besitzers übernimmt. Die Interessenvertreter für Smart Home und Industrie 4.0 sind gefordert, Trusted-Web-4.0-Konzepte zu unterstützen.

Durch Aufklärung der Konsumenten werden diese erkennen, dass bisherige technische Prozesse nicht in ihrem Interesse stattgefunden haben. Entsprechend sollte sich eine Lobby, welche die Kundeninteressen vertritt, bilden. Hierbei sind insbesondere auch die Verbraucherschützer gefragt. Eine Lobby der Konsumenten sollte in erster Linie sicherstellen, dass das PDS auch wirklich im Besitz der Verbraucher ist. Dazu könnten Entwicklungen über den Verbraucher direkt, z. B. über Crowdfunding, finanziert werden.

Bisher wurden oft junge unkritische und experimentierfreudige Nutzer missbraucht, um neue Internetkonzepte in Umlauf zu bringen. Dabei sollte insbesondere die wirtschaftsstarke Zielgruppe der Senioren ihre Lebenserfahrung nutzen, um vordigitale Werte in das Zeitalter der digitalen Transformation zu übertragen. Auch diese Zielgruppe wird von der digitalen Transformation betroffen sein. Sie bekommt bei dem derzeit fehlenden Widerstand der Konsumenten möglicherweise sogar als erste Gruppe die Auswirkungen in Form einer zentralisierten Überwachung von Pflegerobotern zu spüren.

1.2 Convenience unter Berücksichtigung des demografischen Wandels

► Dezentralisierung ist kein Widerspruch zu convenientem Verhalten, wenn die persönliche Kosten-Nutzen-Rechnung der Beteiligten stimmt.

In diesem Abschnitt kommen die Convenience der Nutzer und die Herausforderungen des demografischen Wandels als neue Aspekte dazu. Ich sehe den demografischen Wandel als Chance, an die Bedürfnisse aller, insbesondere auch alter Menschen, adaptierte IKT-Systeme (Systeme der Informations- und Kommunikationstechnik) zu schaffen und beschäftigen uns mit den Voraussetzungen, welche hierfür berücksichtigt werden müssen.

Heutige Forschung richtet sich auf 2020 aus. 5G soll dann Verbreitung finden und das „Internet der Dinge" soll funktionieren. 2020 ist in der technologischen Entwicklung bisher meist unbeachtet auch für die Demografie von erheblicher Bedeutung. Wenn die heute 60-Jährigen in Rente gehen, sind sie die ersten der geburtenstarken Jahrgänge. Zehn Jahre lang wird die Anzahl der Rentner dann ständig steigen und die Anzahl der Arbeitenden abnehmen.

Die demografischen Herausforderungen an die Finanzierung der Sozialsysteme zwingen uns dazu, älteren Menschen möglichst lange ein in die Gesellschaft und idealerweise auch in die Arbeitswelt integriertes Leben zu ermöglichen. Hierzu müssen bereits jetzt altersgerechte und von Älteren akzeptierte Systeme geschaffen werden, welche auch noch bei ersten kognitiven Einschränkungen eine weitgehende Autonomie des Einzelnen gewährleisten.

Der Trusted-Web-4.0-Ansatz ist aus verschiedenen, im Folgenden erläuterten Aspekten der einzige mögliche Weg, zukünftige demografische Herausforderungen zu bewältigen. Der Fokus dieses Abschnitts liegt dementsprechend auf dem Endnutzer.

Der Paradigmenwechsel zu einem dezentralen und anonymisierten Internet bedarf tief greifender Veränderungen in allen IT-Strukturen. Die Alternative ist ein zentralisiertes totalitäres Betreuungssystem, welches aus gesellschaftlichen, aber auch aus volksökonomischen Gründen abzulehnen ist. Der möglichst lange Erhalt von Eigenversorgung im Alter und bei Krankheit ist volkswirtschaftlich immer sinnvoller, als eine auch noch so rationalisierte zentralisierte digitale Überwachung.

Die Systeme müssen so gestaltet sein, dass sie den Nutzern beherrschbar erscheinen und durch die mit der Dezentralisierung einhergehende reduzierte Komplexität auch beherrschbar sind. Im privaten Umfeld muss der Nutzer in der Lage sein, eine Person seines Vertrauens zu bestimmen, welche die Verantwortung für die Aufsicht der Technik übernimmt, wenn er selbst dazu nicht mehr in der Lage ist.

Fluch und Segen der IT werden in keinem Bereich so deutlich wie im Bereich des IT-unterstützten Alterns bis hin zur Pflege. Heute sind wir vielleicht zum letzten Mal in der Lage, für unser eigenes Alter und das der anderen, die Weichen von totaler Entmündigung auf ein Leben bis zuletzt in Würde zu stellen.

1.2.1 Die Alterspyramide

► Die Bewältigung des demografischen Wandels darf nicht durch die automatisierte zentralisierte Betreuung von alten Menschen erfolgen.

Der Altersdurchschnitt im Altersaufbau der deutschen Bevölkerung von 2013 liegt gemäß Abb. 1.11 inzwischen bei über 45 Jahren und steigt weiter an.

Lange Zeit wurden junge unkritische Menschen für gesellschaftlich unreflektierte Onlineprojekte gewonnen und zum Maßstab für die Entwicklung erhoben. Diese jungen Menschen stellen sich gerne als Zielgruppe für Experimente zu Verfügung.

Die in den nächsten zehn Jahren aus dem Berufsleben Ausscheidenden werden sich zu großen Teilen noch der digitalen Transformation im Berufsleben entziehen können, dafür jedoch später im Pflegebereich umso heftiger durch die Digitalisierung betroffen sein.

Auf jeden Fall, müssen wir in die digitale Transformation gerade die ältere Bevölkerung mitnehmen, um eine breite gesellschaftliche Akzeptanz für Veränderungen zu schaffen. Es ist davon auszugehen, dass ein geringer Pflegeetat durch eine weitgehende Automatisierung von Pflegeprozessen mittels Technik kompensiert wird. Menschengerechte Konzepte, die heute eingeführt werden, entscheiden über das menschenwürdige Altern fast aller Deutschen.

Neuerdings wird der Zuzug von Flüchtlingen als Lösung des demografischen Problems gesehen. Die extremen Herausforderungen, wenn die heute 50-Jährigen in Rente gehen, werden hierdurch voraussichtlich nicht bewältigt werden können. Abhängig von einer zügigen Integration werden die Flüchtlinge die Sozialsysteme belasten oder durch sozialversicherungspflichtige Arbeit die Renten- und Pflegesysteme teilweise entlasten (Zdrzalek 2015).

Ebenfalls nicht geklärt ist, welche Auswirkungen der Zuzug von Flüchtlingen auf die Entwicklung von Datenschutz und Datensicherheit hat. Die Erfahrungen mit beiden Seiten des Internets sind bei Flüchtlingen meist intensiver als bei den Deutschen. So wird in Syrien das Internet als Kriegswaffe eingesetzt (Tanriverdi 2015b). Hier entscheidet über Leben und Tod, wenn man sich während einer Totalüberwachung falsch verhält. Andererseits ist das Internet für viele Flüchtlinge die einzige Chance, sich zum Beispiel auf der Flucht zu organisieren.

1.2.2 Die überzogene Selbsteinschätzung der Deutschen

► Gute Vorsätze sind nicht gleichzusetzen mit deren Realisierung.

Insbesondere in puncto Datenschutz meinen die Deutschen im Gegensatz zum Rest der Welt besonders hohe Ansprüche zu haben. Tatsächlich ergibt eine Studie von PWC aus dem Jahr 2014 (PWC 2014) für Deutschland einen überraschend niedrigen Reifeindex

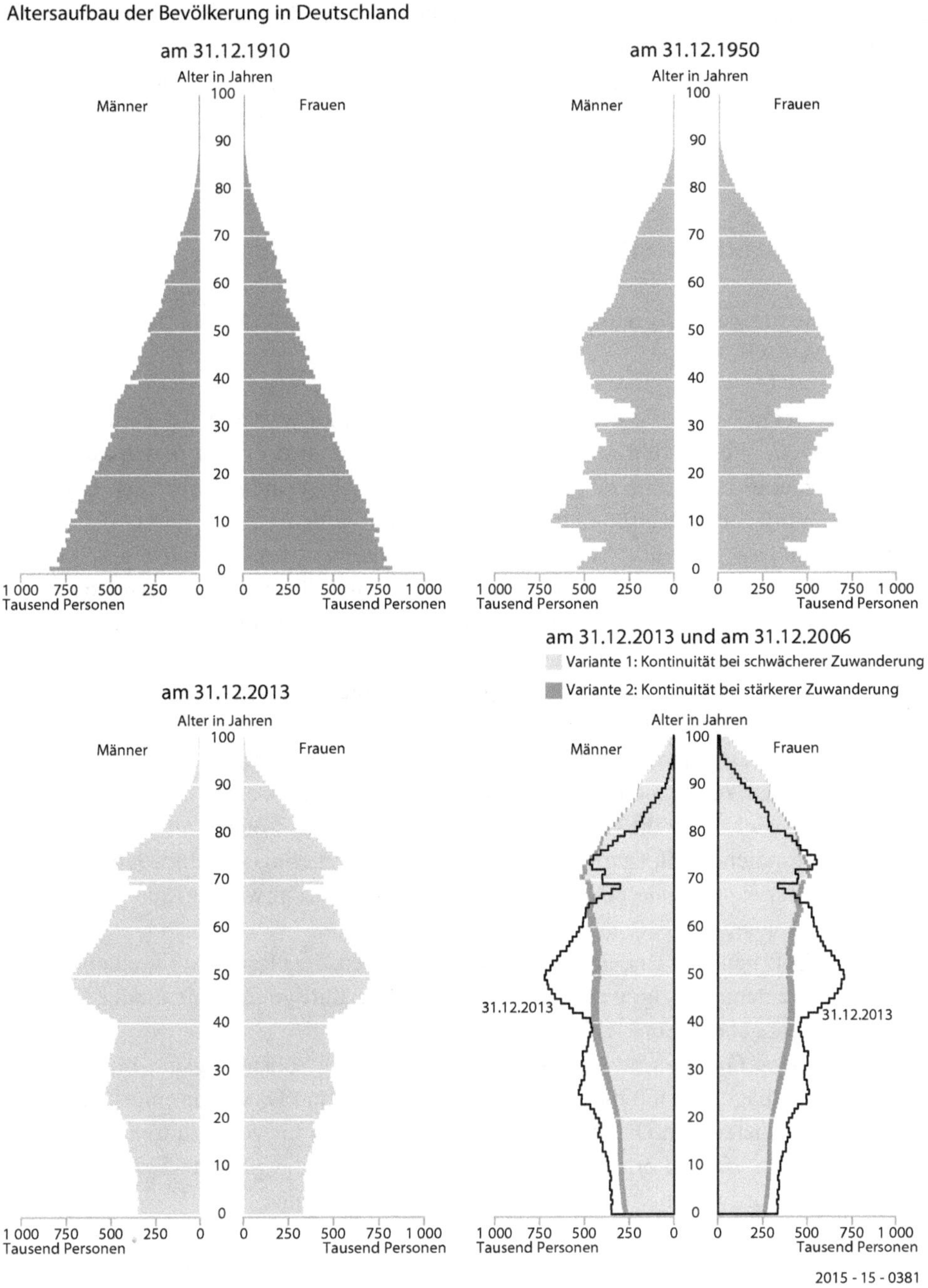

Abb. 1.11 Altersaufbau der Bevölkerung in Deutschland. © Statistisches Bundesamt (2015)

zum Informationsrisiko. In Europa liegt der in der Studie definierte Reifeindex in Ungarn mit 60,2 % am höchsten und in Deutschland mit 53,6 % am niedrigsten.

Hierfür verantwortlich ist die Diskrepanz zwischen guten Vorsätzen und deren Umsetzung, geprägt von einem Mix aus konservativem Denken und geringer Experimentierfreude.

1.2.3 Datenschutzprioritäten aus Sicht eines Angreifers

► Angriffe mit vielen Vorinformationen und langer Vorbereitungszeit sind am erfolgreichsten.

Weit verbreitet ist das Vorurteil, man hätte ja nichts zu verbergen, warum also seine Daten schützen. Wie ausführlich in mehreren Szenarien in *6/11* (Berberich 2014d) geschildert, reicht es aus, wenn der Enkel ein Angriffsziel ist und die über den Großvater vorhandenen Informationen für einen Angriff genutzt werden.

Ein Nutzer kann sich also selbst nur bedingt schützen, weil er Teil eines Informationsnetzes ist, in dem alle Teile, welche Informationen über diesen Nutzer enthalten, potenzielle Angriffsziele sind. Hieraus ergibt sich die Notwendigkeit, ein vertrauensvolles Informationsnetz aufzubauen, in dem alle Beteiligten qua Technik bestimmte Regeln befolgen. Es wird auch in Zukunft ein ungeregeltes Internet geben, an dem jeder – auch der Trusted-Web-User – teilnehmen will.

Die Mehrheit aller Informationen, die wir speichern, ist nicht vertraulich, weil sie sowieso für jeden zugänglich ist. Auf der anderen Seite sind diese nicht vertraulichen Informationen wichtig für die Erstellung eines Gesamtprofils, welches nur im Zusammenspiel mit vertraulichen Informationen zu verwertbaren Ergebnissen führt. Jeder einzelne Nutzer muss für sich definieren, welche Informationen für ihn wichtig sind. Hierfür gibt es einige allgemeingültige Regeln.

Jeder Angriff benötigt eine gewisse Vorbereitungszeit. Insofern sind für einen Angreifer Daten besonders wichtig, welche Auskunft über zukünftige Ereignisse oder Handlungen des Nutzers geben (Abb. 1.12).

Die folgenden Grafiken erheben keinen Anspruch auf Vollständigkeit, bieten jedoch eine gute Grundlage, um möglichst weitgehend Dienste und Daten für eine sichere Umgebung von Diensten und Daten eines unbegrenzt offenen Internets zu trennen. Um ein wirklich sicheres Web zu erhalten, ist die Trennung über die gesamte Systemkette von Software über Hardware bis zur Ansprache von Devices nötig.

Ein Testament steht hier (Abb. 1.12) als Beispiel für einen Vertrag mit langer Vorlaufzeit. Das bietet Angreifern die Möglichkeit, in Ruhe viele Ereignisse und Profildaten auszuwerten, um ein entsprechendes Angriffsszenario zu identifizieren. Dokumente sollten so lange in einer vertraulichen Umgebung gehalten werden, bis ihre Veröffentlichung notwendig ist. In Konsequenz betrachte ich bereits das Speichern, z. B. auf einem Android-Handy der aktuellen Generation, als Veröffentlichung, da hier zahlreiche Apps Informationen mehr oder weniger unkontrolliert abgreifen.

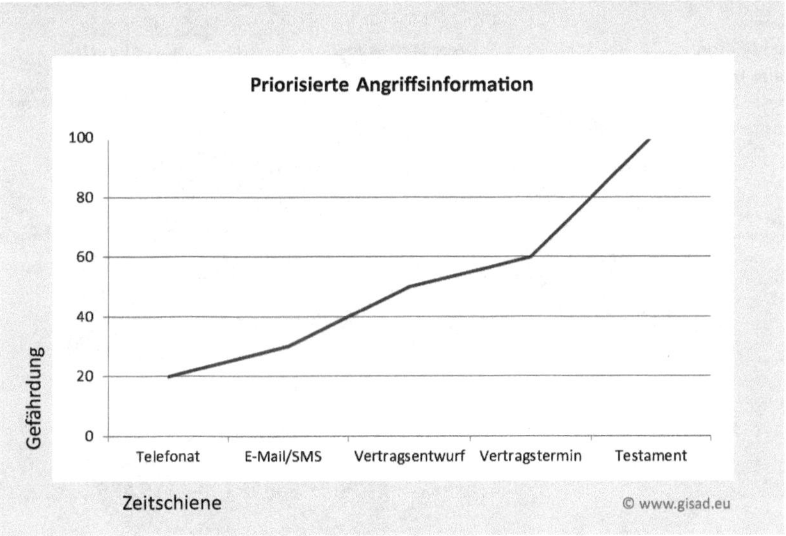

Abb. 1.12 Gefährdungspotenzial in Abhängigkeit von der Zeit

Unter dem Gesichtspunkt der Convenience muss der Sinn der Trennung zwischen Trusted Web 4.0 und dem Internet vom Nutzer zwar verstanden werden, sollte aber mit einem geringen Maß an Mehraufwand bedienbar sein. Das gesamte Konzept zu erklären, würde den Umfang dieses Abschnitts sprengen, zudem hier auch bis 2020 noch umfangreiche Forschung betrieben werden muss. Einen ersten Überblick, welche Bereiche voneinander getrennt werden könnten, gibt das folgende Schema (Abb. 1.13).

Es ist möglich, beide getrennten Bereiche auf einem Smartphone zu bedienen (s. Kap. 3, Abschn. 3.4.2).

1.2.4 Convenience und Sicherheitsbewusstsein

► Anwender erstellen ihre eigene Kosten-Nutzen-Analyse.

98 % der Anwender wissen vom erhöhten Risiko durch Hackerangriffe bei einfachen Passwörtern. 36 % haben nicht einmal ihre Passwörter geändert (Ziercke und Kempf 2014, Abb. 1.14).

Die Ursache kann in erster Linie darin gesehen werden, dass die meisten Menschen nicht wie Datenspeicher funktionieren – ausgenommen Menschen mit eidetischen Fähigkeiten (Stangl 2014). Es ist mit einem hohen Aufwand verbunden, sich viele Passwörter zu merken. Diese werden auch wieder vergessen, wenn sie für eine längere Zeit nicht benutzt werden.

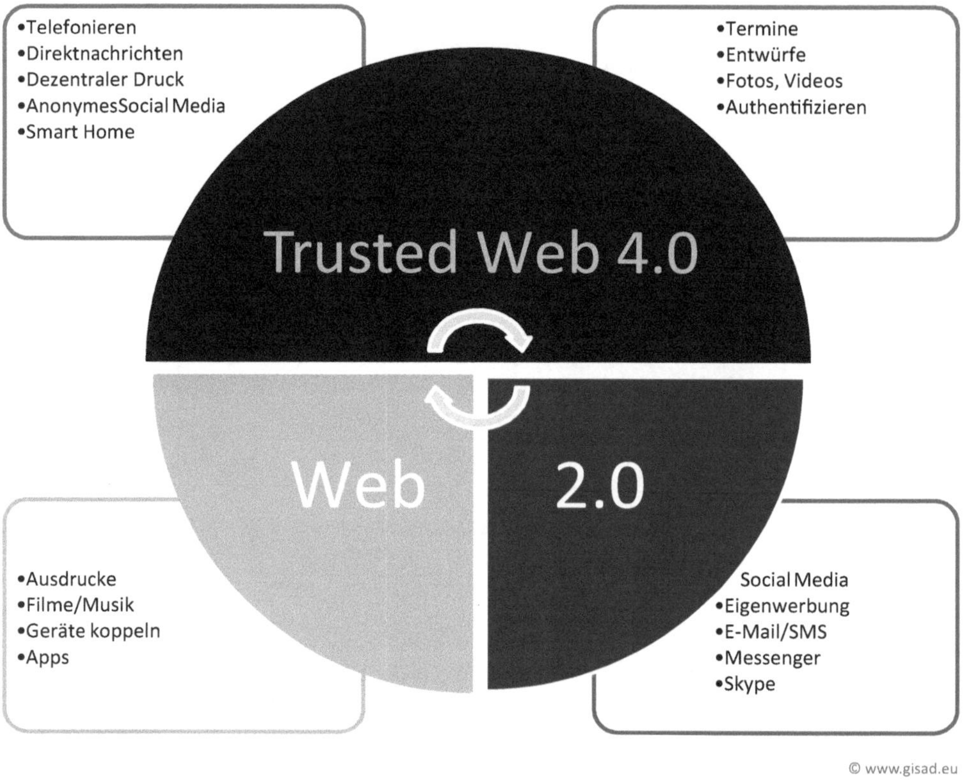

Abb. 1.13 Trennung der Inhalte von Web 4.0 und Web 2.0

Zukünftige Sicherheit darf nicht mit höheren Anforderungen an die Benutzer gekoppelt sein. Rechnet man den Zeitaufwand für das Wiederbeschaffen verloren gegangener Passwörter und den Ärger über das Vergessen mit ein, so ist von einem erheblichen persönlichen Schaden auszugehen. Viele Nutzer sind also nicht nur bequem, sondern halten in ihrer persönlichen Kosten-Nutzen-Analyse den garantierten persönlichen Nachteil durch die Verwendung neuer Passwörter für höher als den möglichen Schaden durch Datendiebstahl oder Datenmanipulation.

Nur wenn gefühlte Sicherheit und tatsächliche Sicherheit übereinstimmen, finden Systeme nachhaltige Akzeptanz bei den Nutzern!

Dafür sind keine unrealistischen Versprechen nötig. Gegen gezielte Einzelangriffe wird es weder jetzt noch in Zukunft einen ausreichenden Schutz geben. Damit konnten wir in vordigitaler Zeit gut leben, auch wenn der professionelle Einbrecher immer schon unsere Haustür in wenigen Minuten öffnen konnte.

In Zukunft werden immer mehr Menschen mit kognitiven Einschränkungen solange wie möglich am Onlineleben teilnehmen. In der digitalen Transformation muss sich der Fokus der Entwicklungsreferenzgruppen weg von jungen experimentierfreudigen Men-

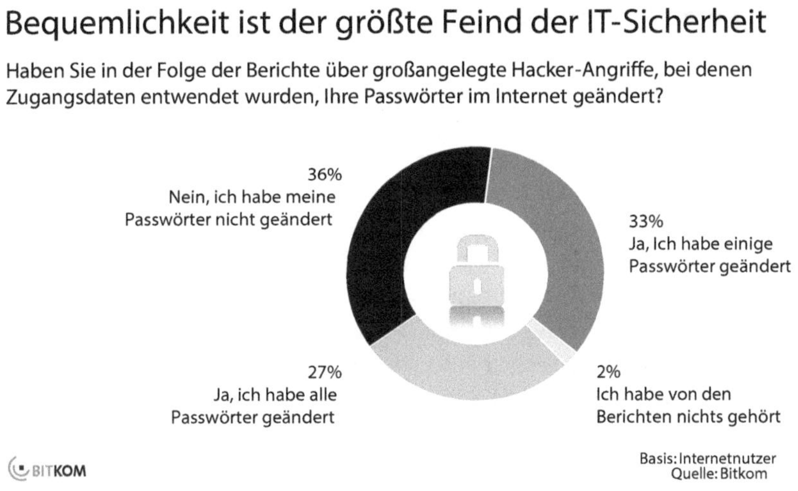

Abb. 1.14 Convenience gefährdet die IT-Sicherheit (Ziercke und Kempf 2014)

schen hin zu alten Menschen mit ersten kognitiven Einschränkungen ändern. Nur so wird eine breite gesellschaftliche Akzeptanz auch bei den Jungen erreicht, denn intelligente, auf die Bedürfnisse von Einzelnen anpassbare Systeme bieten auch für junge Menschen eine höhere Convenience.

Aus dem Blickwinkel des Durchschnittsnutzers ist hohe Datensicherheit bisher mit hohem Aufwand verbunden. Zwar wird der Nutzer derzeit mit guten Ratschlägen überflutet, wie er für sich optimale Sicherheit herstellen kann, gleichzeitig wirken aber die permanent neuen Enthüllungen über Sicherheitslücken lähmend. Die meisten Nutzer erstellen wiederum eine persönliche Aufwand-Nutzen-Rechnung mit dem Ergebnis, einerseits bei Umsetzung der Ratschläge Zeit, Nerven und Geld investieren zu müssen, mit einem andererseits ungewissen Gewinn an Sicherheit. Aus diesem Grund setzen sich derzeit bequeme und einfache, aber unsichere Lösungen im Konsumentenbereich durch. Hierdurch wiederum wird die Sicherheitslage ständig verschärft.

Zudem muss Sicherheit unter Berücksichtigung aller beteiligten Komponenten ermittelt werden. Eine Schwachstelle reicht, um alle anderen Sicherheitsbemühungen zunichtezumachen. Bereits in anderen Büchern (Berberich 2008, 2014) habe ich vielfach auf die zunehmenden Gefahren durch Cyberangriffe hingewiesen. So sei an dieser Stelle nur erwähnt, dass 2014 über eine Milliarde Datensätze in falsche Hände gelangt sind (IBM X-Force 2015).

Ältere Menschen waren bereits in der vordigitalen Welt eine von Kriminellen bevorzugte Zielgruppe. Spezialisierungen krimineller Aktivitäten auf Ältere werden im Onlinebereich stark zunehmen. Viele Straftaten bleiben dann mangels Kompetenz der Nutzer und somit aufgrund fehlender Strafverfolgung unentdeckt und unbestraft.

1.2.5 Jung-hilft-Alt-Konzept

► Menschenwürdige Pflegeunterstützung durch dezentrale Systeme ist möglich.

Durch den demografischen Wandel, der in Europa unterschiedlich stark durch Pflegesysteme und Rentensysteme abgefangen wird, entsteht ein ständig wachsender Leidensdruck innerhalb der Familien, soweit möglich Probleme des Alterns zu lösen. Die so auch definierte Sandwichgeneration muss gleichzeitig für Kinder und Eltern finanziell und/oder alternativ durch persönlichen Einsatz aufkommen. Andererseits wird eine weitgehende technische Vernetzung zwischen Jung und Alt möglich. Die Hilfestellungen autonomer Systeme können in vielen Bereichen entlastend wirken. Gerade bei älteren Menschen ist eine berechtigte Skepsis gegen jegliche Art von digitaler Kontrolle oder Überwachung vorhanden.

Es sind also Systeme zu schaffen, welche die Autonomie alter Menschen mit Unterstützung von menschlichen und technischen Helfern ihres Vertrauens erhalten. Eine eigene Anwenderforschung mit alten Menschen mit körperlichen und kognitiven Einschränkungen bildet die Erfahrungsgrundlage für diesen Abschnitt (Berberich 2009–2011).

1.2.6 Höchste technische Sicherheit versus erprobte adaptierte Sicherheit

► Sicher ist nur, was der Anwender akzeptiert und deshalb konsequent umsetzt.

Erprobte Sicherheit ist die Summe der technischen Sicherheit aller benutzten Komponenten zuzüglich der erfolgreichen Umsetzung der Sicherheitserfordernisse durch die Einsicht in eine den Aufwand rechtfertigende Verhaltensänderung der Mehrheit aller Nutzer.

Im Alltag sind wir heute mit einer Vielzahl von Passwörtern und Zugangscodes konfrontiert, die man sich, wie schon erwähnt, ohne eidetisches Gedächtnis nicht ohne Gedächtnisstützen merken kann. Lernen funktioniert assoziativ. Wir lernen leichter, wenn wir Neues mit bereits im Langzeitgedächtnis Gespeichertem verknüpfen können. Entsprechend benutzen wir leicht zu erratende Passwörter wie „123456“ oder eben „Passwort“ (Kahle 2014). Auch dies ist der eigenen Kosten-Nutzen-Rechnung geschuldet. Wir merken unmittelbar, wenn wir ein Passwort vergessen haben. Wenn es uns gestohlen wird, merken wir es im Zweifel überhaupt nicht.

Für das Vergessen von Passwörtern wurde wiederum eine automatisierte technische Lösung geschaffen. Ein Zugangslink wird dem Nutzer via E-Mail geschickt. Über Browser hat er dann die Möglichkeit, ein neues Passwort zu vergeben. Der Nutzer, der gelernt hat, dass er sich sichere – weil nicht assoziierbare – Passwörter nicht merken kann, wird gemäß seiner persönlichen Kosten-Nutzen-Analyse dazu neigen, beim zweiten Mal wieder ein einfaches Passwort zu hinterlegen.

Allein aus dem Grund der Kosten-Nutzen-Rechnung der Nutzer haben sich in den letzten Jahren zahlreiche Identifikations- und Authentifizierungsverfahren nicht durchgesetzt. Es muss ein Kompromiss gefunden werden, um mit für den Nutzer nicht spürbarem Mehraufwand ein Maximum an Sicherheit zu erreichen.

Derzeit befinden wir uns in einer sehr gefährlichen Übergangssituation, in der Einzelkomponenten eine Sicherheit vorgaukeln, die über das Gesamtsystem nicht besteht. Für eine sichere Kommunikation wird uns gegenwärtig die PGP-Verschlüsselung vorgeschlagen. Die Abkürzung steht für Pretty Good Privacy, auf Deutsch übersetzt: „ziemlich gute Datengeheimhaltung". Der Wortlaut zeigt, dass selbst der Entwickler Phil Zimmermann sein System nicht für absolut sicher hält.

Ein E-Mail-Programm verschlüsselt dabei eine Nachricht und ein zweites entschlüsselt sie. Zur Sicherheitsbewertung werden nicht alle beteiligten Komponenten angesehen. Ein Netzwerkdrucker druckt meist anschließend den entschlüsselten Text aus und behält das Ausgedruckte lange Zeit in seinem Speicher, was ihn zu einem Hauptangriffsziel für das Abfangen von Informationen macht. Zudem werden heute verschiedenste Quellen bearbeitet und gemischt. Verschlüsselte und nichtverschlüsselte Elemente können aber nur gemischt werden, wenn alle Elemente im Klartext vorliegen.

Aus Sicht des Trusted Web 4.0 ergibt sich die Forderung, alle den „life-cycle" einer Information betreffenden Komponenten zu betrachten und anschließend Maßnahmen zu definieren, um eine erprobte Verbesserung der gesamten Sicherheit zu erreichen. Dezentralisierung und Anonymisierung sind hierfür probate Mittel, weil es Maßnahmen sind, die dem Nutzer bei der Erstellung seiner Kosten-Nutzen-Rechnung einleuchten, und weil diese Maßnahmen sich relativ einfach bei den meisten Komponenten umsetzen lassen.

Bereits durch die konsequente Umsetzung von Trusted-Web-4.0-Forderungen bei bestehenden Devices und Netzwerken kann eine neue Qualität von Sicherheit erreicht werden. Darüber hinaus stärkt eine konsequent die Forderungen des Trusted Web 4.0 umsetzende IKT den deutschen und europäischen Standort, weil diese zu einer hohen gesellschaftlichen Akzeptanz und einem neuen Selbstbewusstsein im Vergleich zu anderen Entwicklungsstandorten führen wird.

1.2.7 Symmetrische Verschlüsselung versus asymmetrische Verschlüsselung

- Nur dezentrale Erzeugung und Speicherung von Schlüsseln schützt vor unberechtigtem Zugriff.

Solange ein Schlüssel an einem Speicherort generiert wird und diesen nicht verlässt, ist das symmetrische Verschlüsselungsverfahren weiterhin sicherer als das asymmetrische Verfahren. Asymmetrische Verfahren wurden für die Kommunikation zwischen zwei Parteien eingeführt. Durch Unterscheidung zwischen einem privaten und einem öffentlichen Schlüssel des bereits vorgestellten PGP-Verfahrens ist eine sichere Kommunikation zwischen zwei Partnern möglich. Allerdings ist Basis des Verfahrens ein sog. Public Key. In der aktuellen Sicherheitsdiskussion geht man davon aus, dass Quantencomputer in Zukunft diese Verfahren knacken können.

Eine rein technische Betrachtung geht allerdings in die falsche Richtung. So fordert die NSA aktuell eine Vordertür zu allen Schlüsseln (Tanriverdi 2015c). Wie ich an anderer Stelle ausgeführt habe, ist es auch für den Normalbürger extrem wichtig, sich vor den Zugriffen ausländischer Dienste zu schützen.

Symmetrische Verfahren können Schlüssel erzeugen, zu denen die Hersteller selbst keinen Zugang haben. Sie sind also sicherer, solange es keine Hintertüren zu dem Datenträger selbst gibt und solange die Schlüsselgenerierung nicht außerhalb des Datenträgers stattfindet.

Es entsteht jedoch ein erhebliches Problem bei älteren Menschen. Kognitive Einschränkungen bedeuten vor allem eine Reduzierung der Aufnahmefähigkeit des Kurzzeitgedächtnisses und eine höhere Vergesslichkeit bzw. die Schwäche, Dinge zu verlegen oder nicht ausreichend gegen Diebstahl zu schützen. Hoch sichere Schlüssel bedeuten also im Zweifel bei dieser Zielgruppe den Totalverlust aller Daten, sofern sie die PIN-Nummer vergessen oder das Authentifizierungsmedium (z. B. die Smartcard) verlegen. Des Weiteren haben symmetrische Schlüssel den Nachteil, dass die Strafverfolgung zu derart verschlüsselten Daten keinen Zugang erhält.

Trusted Web 4.0 bildet die vordigitale Sicherheit ab. Vordigital war ein Zugriff auf Daten zur Strafverfolgung nach richterlicher Verfügung im Einzelfall möglich und auch gesellschaftlich akzeptiert (s. Kap. 2, Abschn. 2.1 und Kap. 2, Abschn. 2.2). Durch dezentrale Aufbewahrung dieser Schlüssel ist die vordigitale Sicherheit wiederhergestellt.

In der Regel werden drei Exemplare des gleichen Schlüssels benötigt. Ein Schlüssel ist für den täglichen Einsatz gedacht. Ein Zweitschlüssel sollte bei einer Person des Vertrauens hinterlegt werden. Sinnvoll wäre für ein Jung-hilft-Alt-Konzept, wenn Jung einen Zweitschlüssel besitzt und auf Anfrage von Alt handeln kann. Ein weiterer Schlüssel sollte dezentral bei einer lokalen Behörde oder alternativ bei einem Rechtsanwalt hinterlegt sein.

Ein großes Problem stellt weiterhin der sichere digitale Transport eines solchen Schlüssels dar, der im offenen Internet abgefangen werden kann. Solange es sich nur um einen Schlüssel handelt, könnte dieser nichtdigital, z. B. als RFID-Chip, persönlich zu den entsprechenden Personen gebracht werden.

Im Rahmen der optimalen Dezentralisierung ergibt sich die Überlegung, je Datei einen anderen Schlüssel zu generieren.

Folgende Forderungen stellen sich an eine Trusted-Web-4.0-Forschung:

- Entwicklung von symmetrischen Schlüsseln, die sich identisch in einer sicheren Umgebung duplizieren,
- Einführung eines sicheren, vollautomatischen Verfahrens zur Übertragung des Zweit- und Drittschlüssels an die Empfänger,

- sicheres Löschen eines physisch verlorenen Speichermediums bei gleichzeitiger Vergabe eines neuen Schlüssels durch das Back-up-Medium,
- automatische Generierung von Unterschlüsseln für verschiedene Dateien.

1.2.8 Akzeptierte Datenspeicherung mit akzeptabler Sicherheit

► Technisch optimale Sicherheit ist nicht gleichzusetzen mit an die menschlichen Fähigkeiten angepasster Sicherheit.

Um verschiedene Datenspeicherungskonzepte miteinander vergleichen zu können, setze ich in diesem Abschnitt ein sicheres Computersystem voraus. Ebenfalls gehe ich von einem automatischen sicheren Back-up aus. Nur eine Person soll Daten erzeugen und darauf zugreifen können. Weitere Studien und Trusted-Web-4.0-Forschung werden sich mit komplexen Kommunikations- und Datenzugriffsstrukturen auseinandersetzen.

Entscheidend für sichere Datenspeicherung ist:

- der Ort, an dem die Daten durch Verschlüsselung und dezentrale, aufgeteilte Speicherung (virtuelles RAID-System; RAID: Redundant Array of Independent Disks) geschützt und gespeichert werden,
- der Weg, den die Daten bis zur endgültigen Speicherung zurücklegen,
- wie viele gleich verschlüsselte Daten am gleichen Speicherort liegen,
- wie die Daten aufgerufen werden und
- wie Dritte sich mit welchem Aufwand Zugang verschaffen können.

Als zusätzliches Sicherheitskriterium definiere ich den sicheren Ersatz von verlorenen/vergessenen Schlüsseln und die Möglichkeit der dezentralen Vorratsdatenspeicherung (zum Beispiel für 6 Wochen).

Ein sehr beliebtes Verfahren für Unternehmen, aber auch Privatpersonen, Daten in der Cloud zu speichern, ist die Dropbox. Die Todschlagargumente der Dropbox sind: keine Datenverluste durch Defekte der eigenen Festplatten sowie Zugriff über verschiedene Devices von unterschiedlichen Orten. Die Dropbox stellt auf Wunsch eine Zwei-Faktor-Authentifizierung zur Verfügung. Die Einrichtung und Benutzung bedeutet einen für Unkundige erheblichen Aufwand. Auch muss man sich neben einem Passwort noch einen zusätzlichen Code merken. Die in der Cloud gespeicherten Daten sind nicht verschlüsselt.

Weiterhin bedarf es nur einer Hintertür in die Dropbox, damit Dritte die im Klartext abgelegten Daten aller Nutzer lesen können. Der Zugriff Dritter wird sogar zugelassen. Gemäß den Dropbox-Datenschutzrichtlinien (Dropbox 2015b) heißt es: „... wir stellen Daten möglicherweise anderen, wie nachstehend beschrieben, zur Verfügung ...“, und weiter: „Recht und Ordnung – Wir können Ihre Daten auch für Dritte freigeben, wenn eine Freigabe nach unserem Ermessen sinnvoll und notwendig erscheint, um (a) dem Gesetz Folge zu leisten.“

In den AGB (Dropbox 2015a) heißt es zur Haftung: „Außerdem haftet Dropbox ... nicht bei Ersatzansprüchen hinsichtlich der Dienste, die die Gesamtsumme von 20$ oder die von Ihnen in den vergangenen 12 Monaten ... an Dropbox gezahlten Beträge übersteigen.“

Man kann davon ausgehen, dass die NSA alle auf der Dropbox gespeicherten Daten gemäß Patriot Act mitlesen kann. Jedwede Haftung ist quasi ausgeschlossen. Wenn ein Ausschluss mit lokalem Recht nicht übereinstimmt, ist zur Klage der Gerichtsstand in Kalifornien wenig geeignet.

Über den gesamten Prozess gesehen gibt es bei der Dropbox weder eine faktische Sicherheit, noch ein Recht auf Sicherheit. Im Gegenteil, durch die Datenlagerung in den USA, kann von einer Profilerstellung zu Werbezwecken ausgegangen werden, wenn auch nicht direkt bei Dropbox. Metadaten werden genügend Informationen enthalten, damit über Umwege zu der Werbewirtschaft gelangte Daten wiederum personalisiert werden können.

Vergleichen wir die Dropbox mit einer Hochsicherheitsfestplatte mit USB-(Universal-Serial-Bus-)3.0-Zugang (Vertrieb Digittrade GmbH 2015), so haben wir, wenn das Problem eines automatischen sicheren Back-ups gelöst ist, eine wesentlich sicherere Lösung. Auf die Platte kann nur mit Smartcard in Kombination mit einer PIN zugegriffen werden. Dieses doppelte Authentifizierungsverfahren wird sich jedoch aus Bequemlichkeitsgesichtspunkten bei den Normalusern nicht durchsetzen. Dafür ist die RS256-2TB-RFID-Festplatte des gleichen Herstellers schon besser geeignet. Über einen berührungslosen RFID-Chip als Schlüsselanhänger ist das Entsperren der Festplatte sehr einfach möglich.

Aber selbst bei diesem hoch sicheren Verfahren wird eine echte Sicherheit nur vorgegaukelt. Die Festplatte ist teilzentral. Das heißt, bei zwei Terabyte befinden sich die meisten Daten zentral auf einer Platte. Wenn die Festplatte und das Back-up-Medium am gleichen Ort von einer Katastrophe betroffen sind, sind alle Daten verloren. Auch ist in keiner Weise sichergestellt, dass Daten nicht auf dem Weg vom PC zur Speichereinheit abgegriffen werden. Ebenfalls besteht ein erhebliches physisches Verlustrisiko durch Diebstahl oder Vergessen des Datenträgers, insbesondere bei der Zielgruppe der Menschen mit Einschränkung der kognitiven Fähigkeiten.

Aus Sicht des Trusted Web 4.0 und einer durch Nutzer akzeptierten einfachen Bedienung ergeben sich folgende Forderungen an ein sicheres Speichermedium:

- Der Weg von der Datenverarbeitung zur Datenspeicherung und zum Back-up muss dezentralisiert (z. B. zufälliger Point-to-point-Aufbau) und anonymisiert werden, um kein Angriffsziel zu bieten.
- Das Verschlüsseln der Daten darf keinen erhöhten Aufwand für den Nutzer bedeuten. Das in Annähern und Entfernen eines symmetrischen RFID-Schlüsselanhängers scheint ein gangbarer Weg zu sein.
- Es soll von überall auf die Daten zugegriffen werden können.
- Der physische Datenträgerverlust soll möglichst ausgeschlossen werden.

- Im Idealfall sollte jeder Datensatz an einem unterschiedlichen Ort dezentralisiert und anonymisiert gespeichert sein.
- Datensätze müssen mehrfach redundant abgelegt werden.
- Die Strafverfolgung muss im Einzelfall eine Möglichkeit erhalten, nach richterlicher Anordnung auf Datensätze eines Einzelnen aus einem bestimmten Bereich (einer Kategorie) zugreifen zu können (s. Kap. 2, Abschn. 2.1 und Kap. 2, Abschn. 2.2).

1.2.9 Dezentralisierte akzeptierte Währungen

► Die Abschaffung des Bargelds ohne das Zurverfügungstellen einer digitalen anonymen Währung ist nicht akzeptabel.

Durch die Anonymisierung der an den Arbeitsprozessen beteiligten Maschinen und Personen ist eine wesentliche Erhöhung von Sicherheit zu erreichen. Ziele, die nicht personalisiert sind, können nicht gezielt angegriffen werden. Ein wesentliches Hindernis für die Anonymisierung ist die Fakturierung geleisteter Arbeit.

Wenn die Eigenschaft eines jeden Geräts beschrieben ist (s. Kap. 1, Abschn. 1.1.9), können die Geräte anonymisiert zusammenarbeiten. Die Abrechnung über eine anonymisierte digitale Währung erfolgt dann direkt. Einzelne Leistungsträger können dezentral erfasst und an die Buchhaltung weitergegeben werden.

Wie gut Dezentralisierung und Anonymisierung innerhalb bestehender Netzstrukturen funktioniert, zeigen die anonymisierten digitalen Währungen, wie z. B. Bitcoin. Sie funktionieren ohne zentrale Server und haben als einzigen Berührungspunkt und als mögliche Angriffsstelle eine gemeinsame Open-Source-Software. In sog. Peer-to-peer-Netzen wird eine direkte gleichberechtigte Verbindung zwischen zwei Peers aufgebaut. Wie hoch die Nutzerakzeptanz von Bitcoin wirklich ist, wird sich erst zeigen, wenn es genügend Anbieter gibt, welche Zahlung über Bitcoin zulassen.

Die Kreditkarte hat über 50 Jahre gebraucht, um ihre heutige Akzeptanz zu erhalten. Es gibt jedoch Anzeichen, dass dezentralisierte anonymisierte digitale Währungen sich wesentlich schneller durchsetzen werden. Zum einen können Anbieter in ihren Shops sehr einfach eine Bitcoin-Zahlung anbieten. So ist zum Beispiel für 99 € das Blockchain-Bitcoin-Payments-Modul für einen der meistbenutzten Open-Source-Shops erhältlich (Prestashop 2015).

Andererseits ist man aktuell bestrebt, das Bargeld abzuschaffen (Fischer 2015), was zu einer explosionsartigen Flucht der Schwarzarbeiter in die Nutzung digitaler Währungen wie Bitcoin führen könnte. Die gesellschaftliche Akzeptanz wurde bei der Entwicklung nicht berücksichtigt. Hacker entwickelten Bitcoin gegen einen Überwachungsstaat. Umgekehrt besteht die Gefahr, dass Staaten dezentralisierte und anonymisierte Währungen mit dem Argument verbieten, den Bürger nicht gegen hiermit durchgeführte kriminelle Handlungen schützen zu können. Damit digitale Währungen funktionieren, ist bei ihrer Entwicklung die staatliche Anerkennung zu berücksichtigen.

Trusted Web 4.0 bildet die vordigitale Gesellschaft und mindestens die über Tausende von Jahren in Kompromissen zwischen Staaten und Bürgern entstandenen Freiheiten wie Sicherheiten gleichermaßen ab. Hierbei berücksichtigt Trusted Web 4.0 nur solche Staaten, welche sich mit Recht als Demokratien bezeichnen. Als Maßstab für diese Demokratien gilt die europäische Charta der Grundrechte.

Derzeit ist es möglich, Bargeldvermögen nach richterlich genehmigten Hausdurchsuchungen oder durch die Befragung der Personen, die in Transaktionen eingebunden waren, zu ermitteln. Technisch wäre es möglich, in einem Peer-to-peer-Netzwerk die Transaktion zum letzten Peer zurückzuverfolgen und die Geldbörse eines Peers anzusehen. Dazu sollte optimalerweise wieder der für die Strafverfolgung hinterlegte symmetrische Schlüssel verwendet werden.

Bitcoin und vergleichbare Währungen sind gegen die Banken gerichtet, da hierdurch Banken ausgeschlossen und Geldgeschäfte zwischen den Beteiligten direkt abgewickelt werden können. Allerdings haben Banken den entscheidenden Vorteil, über ihren B2B-Kundenstamm eine schnelle Verbreitung einer digitalen Währung durch den Aufbau von Anbieterakzeptanzstellen sicherstellen zu können. Bitcoin ist derzeit für den Normalnutzer viel zu kompliziert. Eine digitale Währung muss so einfach wie Bargeld funktionieren, um sich durchzusetzen.

Banken sollten über ihre Kundenkonten eine digitale Währung zur Verfügung stellen, die anonymisiert wie Bargeld verwendet werden kann. Banken haben durchaus eine Chance, sich wieder in die Wertschöpfungskette einzubringen, wenn sie ihre Geschäftskunden von den Vorteilen einer Zusammenarbeit überzeugen. Schließlich ist auch die Kreditkarte für den Kunden kostenlos und wird von der Akzeptanzstelle bezahlt.

Grundsätzlich ist jede Zentralisierung ein Einfallstor für Manipulationen. Diese Gefahr besteht selbst bei einer dezentralen Währung wie Bitcoin. So gab es hier bereits Versuche der Beeinflussung durch Mining-Zusammenschlüsse (Knocke 2014).

Aus Trusted-Web-4.0-Sicht ergeben sich folgende Forderungen für eine sichere digitale Währung:

- Die Währung muss dezentral erstellt und gespeichert werden.
- Die konsequente Dezentralisierung soll durch dezentrale Instanzen überwacht werden.
- Das digitale Geld muss in dem für einen Besitzer relevanten Rechtsraum gespeichert werden.
- Finanztransaktionen müssen anonymisiert werden.
- Nach richterlicher Verfügung soll die Summe der im Besitz befindlichen digitalen Währung und die letzte relevante Transaktion für die Strafverfolgung nachvollziehbar sein.
- Die Handhabung der Währung darf nicht aufwendiger sein als Bargeld. Das Smartphone trägt man immer bei sich. Anonymisiertes Bezahlen über RFID ist denkbar.
- Idealerweise ist die digitale Geldbörse etwa über einen USB-Stecker komplett vom personalisierten Kern des Smartphones abgekoppelt.

1.2.10 Dezentrale Kommunikation

▶ Alte Menschen müssen besonders vor dem Missbrauch ihrer Daten geschützt werden.

Selbst in Privatwohnungen werden technische Systeme heute immer komplexer. Geräte unterschiedlicher Hersteller arbeiten miteinander zusammen. Die Haftung, wenn etwas schief geht, wird weitgehend ausgeschlossen. Schlimmer noch, als WLAN-Nutzer kann man sogar für Schäden an Dritten in die Haftung genommen werden (Hoeren 2015).

Bereits jüngere, nicht IT-vorbelastete Konsumenten sind hier hoffnungslos überfordert. Während zum Beispiel im Lebensmittelbereich eine Überregulierung zugunsten der Verbraucher aufgebaut wurde, ist die Politik in Deutschland und Europa überfordert, sich bei IT-Systemen abzustimmen und im Interesse der Verbraucher zu handeln. Je nach aktueller politischer Stimmung ergreift man datenschutzfreundliche oder datenverwerterfreundliche Maßnahmen. Dezentralisierung und Anonymisierung bietet hingegen der Politik einen Ausweg, sich auf erprobte Konzepte der vordigitalen Gesellschaft zu berufen.

Heute gibt es viele Menschen mit kognitiver Einschränkung, die nie in der digitalen Welt angekommen sind. 48,7 % aller Rentner/Nichtberufstätigen nutzen das Internet nicht (ARD/ZDF 2014). Rentner sind gesellschaftlich akzeptiert und haben die Freiheit, trotz ihrer Einschränkungen in Würde zu altern. Bis ins hohe Alter können sie am gesellschaftlichen Leben teilnehmen.

Betrachten wir noch einmal die Alterspyramide: Die größten Probleme des demografischen Wandels beginnen, wenn die heute 60-Jährigen in Rente gehen. Die Internetnutzung der Generation 50+ liegt aktuell bei ca. 82 % (ARD/ZDF 2014).

Es ist davon auszugehen, dass die meisten Angehörigen der Generation 50+ keine tief greifenden technischen Kenntnisse über das Internet besitzen und zum Beispiel nicht wissen, wie man einen Router konfiguriert. Trotzdem steht gerade diese kaufkräftige Generation immer häufiger Herstellern gegenüber, die auf jegliche gedruckte Bedienungsanleitung verzichten und zur Installation neuer Geräte technische Kenntnisse erwarten oder selbst die Fernwartung übernehmen. Die durch Fernwartungen verstärkte Zentralisierung wird bei der heutigen Generation 50+ im Alter zur völligen Entmündigung führen, wenn nicht jetzt entschieden entgegengewirkt wird.

Arbeiten Hersteller mit dem Gesundheitssystem schließlich Hand in Hand, könnte bei jeder gegessenen Schokolade ein Krankenkassenrisikozuschlag erhoben werden und bei zu hohem Blutdruck die Zwangseinweisung ins Krankenhaus erfolgen. Kognitive Einschränkungen sind dann verbunden mit einer zunehmenden Totalüberwachung.

Wenn wir jetzt hingegen dezentralisierte Strukturen aufbauen, ermöglichen wir sichere Konzepte, wie das von uns im Piloten erprobte Jung-hilft-Alt-Konzept.

Zuerst müssen wir eine digitale Hausintelligenz entwickeln, welche die einzelnen im Haus eingesetzten Systeme kontrolliert und Handlungsanweisungen einfach formulieren und zusammenfassen kann. Auch Menschen mit kognitiven Einschränkungen sind meist noch in der Lage, situativ richtige Entscheidungen zu treffen, welche einen auf definierte Ereignisse programmierten Computer überfordern würden. Auf der anderen Seite sind Pfleger von Dementen meist überqualifiziert. Menschliche Helfer, die bloß an das Vergessene erinnern müssen, könnten für diese Aufgabe durch intelligente digitale Systeme entlastet werden.

Menschen mit leichteren kognitiven Einschränkungen werden eine Erinnerungshilfe dankbar annehmen, möchten aber vom System gefragt werden, bevor es eine Bestellung aufgibt oder einen Hilferuf nach außen sendet.

Es ist ein großer Unterschied, ob alle Systeme weltweit miteinander vernetzt, ständig überwacht und gewartet werden oder ob die Informationen aller im Haus befindlichen Systeme in einem Homebot (s. Kap. 3, Abschn. 3.2.3) gespeichert werden. Dieser wandelt Informationen in verständliche einfache Fragen um, wie: „Die Batterie des Staubsaugers muss spätestens in sieben Tagen erneuert werden. Soll ich heute einen Austauschservice beauftragen?“

Auch hierbei ist die Anonymisierung der Prozesse voranzutreiben. Wird zum Beispiel bereits bei der Bestellung der Betrag in einer anonymisierten Währung bezahlt, benötigt der Lieferant nur die Zustelladresse und eine Wohnungsnummer, um ein Produkt ausliefern zu können.

Wenn bei Nutzern die kognitiven Fähigkeiten nachlassen, kann eine Person des Vertrauens die Anfragen des Homebots überprüfen und beantworten. Diese Person greift nicht über ein zentrales Portal, sondern dezentral direkt auf den Homebot zu.

Ähnlich wie bei der Bitcoin-Währung kann peer-to-peer kommuniziert werden. Die Kommunikation wird ohne Umwege zwischen zwei Adressaten aufgebaut. Dies ist technisch schon heute möglich und wird 2020 mit dem neuen 5G-Standard noch einfacher.

Es ergeben sich folgende Forderungen für eine trusted-web-4.0-konforme digitale Kommunikation:

- Der Weg vom Sender zum Empfänger muss dezentralisiert (z. B. zufälliger Point-to-point-Aufbau) und weitgehend anonymisiert werden, um kein Angriffsziel zu bieten.
- Ein intelligentes Wohnungssystem und/oder Personensystem soll alle Informationen der im Haus befindlichen Devices sammeln und Bedarfe in verständliche Fragen an den Nutzer wandeln.
- Die dezentrale Intelligenz soll in der Lage sein, nach Erlaubnis, selbstständig Kontakt zu Lieferanten und Behörden aufzunehmen.
- Idealerweise erfolgt die Autorisierung des Homebots für Handlungen gegenüber Dritten durch Benutzung der gleichen, oben genannten Schlüssel.
- Im Einzelfall nach richterlicher Anweisung soll das Protokoll des Homebots zur Verfolgung einer Straftat ausgelesen werden können.

1.2.11 Fazit

► Ein entschlossenes Handeln von Politik und Wirtschaft ist dringend erforderlich.

Berücksichtigt man den demografischen Wandel, so besteht ein erheblicher politischer und wirtschaftlicher Handlungsdruck, Dezentralisierung und Anonymisierung voranzutreiben. Wenn man die derzeitige Entwicklung konsequent zu Ende denkt, dann werden wir alle im Alter von einer Entwicklung bedroht, welche sicherlich so keiner haben will. Unter dem Gesichtspunkt des demografischen Wandels ist möglicherweise eine große Anzahl von Konsumenten zu mobilisieren, welche das Thema Überwachung bisher kaltlässt. Denn selbst die heute jungen Menschen trainieren sich schon ein Verhalten an, welches sie im Alter nur noch schwer verändern können. Je früher wir im Konsumentenbereich konsequent auf eine Abbildung der vordigitalen Gesellschaft setzen, umso weniger gesellschaftliche Reibungsverluste und damit Kosten haben wir bei der digitalen Transformation.

Ein in den Privathaushalten erfolgreich eingeführtes Trusted Web 4.0 übernehmen auch Unternehmen ohne großen Widerstand. Die Kosten des demografischen Wandels werden gemindert und der Wirtschaftsstandort Deutschland wird durch eine Übereinstimmung von Politik, Wirtschaft und Gesellschaft gestärkt.

Der Mensch kann und sollte nicht mit Technik konkurrieren. Technik sollte dem Menschen nicht ihre Systematik aufzwingen.

Aktuelle Studien (KPMG International 2015) schießen über das Ziel hinaus, wenn sie den Menschen nur noch als Teil einer Prozesskette sehen. Ist es wirklich ein Vorteil, wenn der zukünftige Nutzer bereits unter der Dusche die aktuellen Nachrichten lesen kann, oder braucht er diese fünf Minuten, um sich mental auf seinen Tag vorzubereiten? Zumal die vielen Nachrichten sich immer häufiger, inhaltlich auf Halbinformationen reduziert, mit wenigen Themen auseinandersetzen.

Der Mensch liefert eben nicht Input und Output wie eine Maschine, sondern muss in Zukunft wieder mehr in seiner Kreativität gefördert werden, damit er die Freiräume, die er durch die Technik im Optimalfall erhält, auch produktiv nutzen kann. Hier ist „produktiv" im Sinne von Ausgeglichenheit und Zufriedenheit des Einzelnen gemeint und nicht nur als Anteil am Bruttoinlandsprodukt (BIP).

► Wenn Maschinen immer produktiver werden und menschliche Arbeitskraft weitgehend ersetzen, wie es in naher Zukunft zu erwarten ist, dann werden in absehbarer Zeit die Märkte gesättigt sein.

Die einzigen Konsumenten auf dieser Erde sind eine endliche Anzahl von Menschen, die nur eine begrenzte Menge von Informationen verarbeiten und eine begrenzte Menge von Produkten konsumieren können.

Rechtliche und organisatorische Grundlagen 2

> Rechtliche Regelungen der vordigitalen Gesellschaft sind ausreichend, wenn die Technik an die Gesellschaft und nicht die Gesellschaft an die Technik angepasst wird.
> Die Organisation von Institutionen kann durch Dezentralisierung übersichtlicher strukturiert werden.

Grundsätzlich ist das Ziel von Trusted Web 4.0, eine digitale Gesellschaft zu schaffen, welche möglichst genau die vordigitale Gesellschaft abbildet und gleichzeitig die Rationalisierungseffekte und Vorteile der Digitalisierung berücksichtigt. So sind auch für den Gesetzgeber nur minimale Veränderungen zu den bestehenden Gesetzen nötig. In der vordigitalen Gesellschaft erledigt der Bürger viele Aufgaben des täglichen Lebens anonym und dezentral.

2.1 Vorratsdatenspeicherung

> Trusted Web 4.0 setzt das EuGH-Urteil zur Vorratsdatenspeicherung April 2014 (Az.: C-293/12 und C-594/12) optimal um.

Es wird ein Stufenmodell vorgeschlagen, welches den Zugriff auf bevorratete Daten nur bei nachweislicher Notwendigkeit ermöglicht. Durch die dezentrale und anonymisierte Ablage der bevorrateten Daten ist die Herstellung eines Personenprofils in der Regel nur teilweise und nicht für jedermann möglich. Damit wird dem Urteil genügt, dass die Speicherung auf objektiven Kriterien beruhen muss, die gewährleisten, dass sie auf das absolut Notwendige beschränkt wird.

O. Berberich, *Trusted Web 4.0 – Konzepte einer digitalen Gesellschaft*, Xpert.press,
DOI 10.1007/978-3-662-49190-4_2

2.1.1 Vereinbarkeit von Strafverfolgung und Datenschutz

Derzeit vertreten Datenschützer und Strafverfolger konträre Ansichten. Die nationalen Behörden sehen in der Vorratsdatenspeicherung ein nützliches Mittel für die strafrechtliche Ermittlung. Die Datenschützer sehen dagegen Auswirkungen auf Art. 7 und Art. 8 der EU-Grundrechtscharta, also auf das Recht auf Privatsphäre und das Recht auf Datenschutz. Zusätzlich wird durch den „chilling effect", d. h. die „abschreckende Wirkung", als Gefühl des Überwachtwerdens auch die Meinungs- und Kommunikationsfreiheit nach Art. 11 berührt.

Das EuGH-Urteil berücksichtigt beide Interessen und beschäftigt sich im Wesentlichen mit der Verhältnismäßigkeit zwischen den Forderungen der Datenschützer und Strafverfolger. Im Ergebnis wurde die Richtlinie zur Vorratsdatenspeicherung zulasten der Strafverfolgung aufgehoben und dem Gesetzgeber aufgetragen, eine an das Urteil angepasste Richtlinie zu erarbeiten. Das Urteil nimmt Bezug auf die Richtlinie 2006/24/EG und erklärt sie für ungültig.

Trusted Web 4.0 erfüllt bereits alle sich aus dem Urteil ergebenden Forderungen, ohne den Gesetzgeber einzuschränken.

2.1.2 Eignung der Richtlinie

Die Datenschützer bezweifeln bisher, dass Vorratsdatenspeicherung überhaupt sinnvoll ist, weil sie nichts zur Kriminalitäts- bzw. Terrorismusbekämpfung beitrage. Dem widerspricht der EuGH.

Trusted Web 4.0 schließt sich dem EuGH an. Allerdings unterscheidet Trusted Web 4.0 zwischen den nicht geeigneten Maßnahmen des massenhaften Abhörens und dem auf das absolut Notwendige beschränkte Verfahren des Abhörens eines relevanten Bereiches eines Verdächtigen. Dabei geht Trusted Web 4.0 davon aus, dass zumindest nach dem derzeitigen technischen Stand Datensicherheit nicht gewährleistet werden kann, also bei keiner Hardware und Software zweifelsfrei auszuschließen ist, dass auf hier gespeicherte Daten von Unbefugten zugegriffen werden kann. Das entspricht unserer nichtdigitalen Realität. Obwohl fast jede Haustür vom geübten Einbrecher innerhalb von fünf Minuten geöffnet werden kann, ist der Einzelne vor Übergriffen ziemlich sicher.

Entsprechend speichert man im Trusted Web 4.0 Daten dezentral und zweckbestimmt. Zudem werden die personenbezogenen Daten immer im Rechtsraum des jeweiligen Bürgers und damit im Rechtszugriff gespeichert. Somit erreicht man eine ähnliche Sicherheit des Bürgers wie im nichtdigitalen Rechtsraum.

Trusted Web 4.0 geht davon aus, dass allein schon die zentrale Datenhaltung aller Daten eines Bürgers eine erhebliche Bedrohung seiner Sicherheit durch Manipulation, insbesondere auch durch Terrorismus, darstellt. Die Gefahr potenziert sich, wenn umfassende Profildaten vieler Bürger zentral an einer Stelle gespeichert werden.

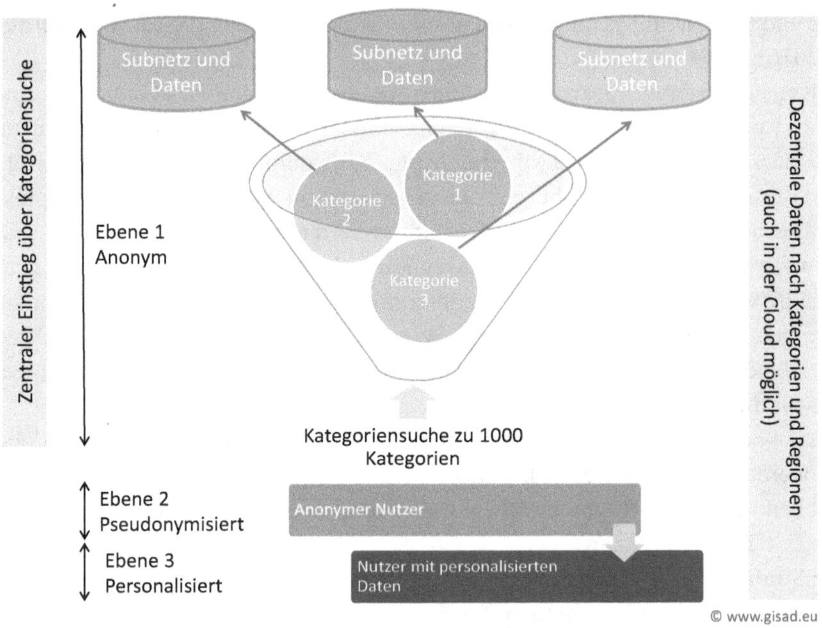

Abb. 2.1 Dezentrale Subnetzaufteilung nach Kategorien

2.1.3 Erforderlichkeit und Verhältnismäßigkeit – Differenzierung nach Art der erhobenen Daten

Der EuGH fordert klare und präzise Regeln für die Tragweite und die Anwendung der fraglichen Maßnahmen vorzusehen und Mindestanforderungen aufzustellen.

Trusted Web 4.0 legt alle Daten in 1000 Kategorien ab (Berberich 1997–2014). Hierbei handelt es sich nicht um die üblichen Top-down-Kategorien, die sich Einzelne oder eine Gruppe ausgedacht haben. Häufig bilden solche Kategorien die Interessenlage und das Weltbild des Entwicklers ab, werden nicht verstanden oder sind mehrdeutig und somit nicht für die vom EuGH vorgegebene präzise Definition geeignet.

Trusted Web 4.0 hingegen arbeitet mit bottom-up erstellten Kategorien. Über eine Million Suchanfragen wurden hierfür analysiert und nach einem patentierten Verfahren erstellte man einen semantischen Thesaurus (Berberich 1999, 2014). Die Hauptgeschäftsstraßen von 60 Großstädten, universitäre Disziplinen etc. wurden hierfür komplett erfasst und einzelnen Kategorien nach Kriterien wie Eindeutigkeit und Allgemeinverständlichkeit erstellt. Trusted Web 4.0 will diese Kategorien mithilfe der EU als eindeutigen Weltstandard durchsetzen (Abb. 2.1).

Jeder Kategorie kann eindeutig eine Aufgabe und so auch eine Straftat zugeordnet werden. Je Kategorie soll eine eigene IP-Adresse je Bürger vergeben werden. Je Kategorie,

Sprache und Region gibt es ein eigenes dezentrales System, das IP-Adressen vergibt (Berberich 2016).

Ein Kategorienserver für das vorgestellte Kategorienmodell ist Stand der Technik und kann mit wenigen Monaten Arbeit auf eine moderne Programmiersprache übertragen werden (derzeit ASP, SQL, HTML, bis Mitte 2013 online). Das System ist mit bis zu 60.000 Usern monatlich erprobt, ein deutschsprachiger und ein in Teilen englischsprachiger Thesaurus sind hinterlegt. Mit einem weiteren Jahr Programmierung zuzüglich Arbeiten für ein ansprechendes Webdesign kann der Social Media Booster „getmysense" (getTIME.net GmbH 2011–2013) zur Verfügung gestellt werden. Hierüber kann der Nutzer einen Thesaurus in allen ca. 2500 Schriftsprachen erstellen. Circa 70.000 Stunden Vorarbeit sind bereits erbracht. Es kostet also weder relevantes Geld noch Zeit, die ersten Schritte für diesen Weg zu tun.

Darauf können bereits eine Vielzahl von Entwicklungen und Geschäftsmodellen aufgesetzt werden. Jedoch ist ein PDS unverzichtbar für einen der vordigitalen Sicherheit entsprechenden Standard. Die hierfür nötige Forschung und Entwicklung ist im Kap. 3, Abschn. 3.4.2 näher erläutert.

Eine Straftat wird üblicherweise in einem Sprachraum, einem Bereich (Kategorie), einer Region und in einer bestimmten Zeit begangen. Dieses Konzept bietet einem Richter die Möglichkeit, einen präzisen Filter setzen zu können, welche Daten ermittlungsrelevant sind. So sind z. B. bei einem Wirtschaftsdelikt die Vorlieben für Musik, Hobbys, Krankheiten etc. nur in Ausnahmefällen relevant.

2.1.4 Auswirkungen auf Big Data

Insbesondere in großen Unternehmen haben sich ungeheure Datenmengen angesammelt. Im Rahmen der Big-Data-Diskussion überlegt man, wie diese Daten dazu genutzt werden können, die Prozesskette und das Marketing zu optimieren. Bei Durchsetzung der Kategorien als Weltstandard erhöht diese Kategorienzuordnung aller Daten die Kompatibilität der Prozesse, z. B. zwischen Lieferanten und Herstellern.

Schreibt der Gesetzgeber vor, aus Verkäufen gewonnene Erkenntnisse aufgeteilt nach Kategorien abzuspeichern, so wird der durch das Cross-Selling entstehende gläserne Kunde verhindert. Der Kunde sollte je Kategorie entscheiden können, ob seine Daten außerhalb der Buchhaltung personenbezogen z. B. zum Verschicken von Werbung gespeichert werden dürfen.

Im Datenschutz darf nicht mehr zwischen Internet und Intranet unterschieden werden. Große Unternehmen wie Google, Amazon etc. besitzen inzwischen aufgrund der mit ihnen durchgeführten Transaktionen umfassende personenbezogene Profile. Der gläserne Kunde ist hier bereits Fakt. Durch die umfassenden Cloud-Speicher-Angebote ist es Unternehmen zuzumuten, je Kategorie einen anderen physikalischen Speicherort zu wählen. Allein durch diese Dezentralisierung der Daten erhöht sich die Datensicherheit erheblich.

2.1.5 Auswirkungen auf Webanalysen

Webanalysen basieren auf dem Tracken von Internetseiten. Es gibt verschiedene Analyseanbieter, welche die besuchten Seiten überwachen und selbst, wenn der Kunde nicht im Einzelfall zugestimmt hat (obwohl nach deutschem Recht unzulässig), aus dem Surfverhalten des Einzelnen resultierende Profile und Analysen anlegen.

Den Analyseanbietern sollte analog zu Big Data auferlegt werden, Analysen nur innerhalb einer Kategorie durchzuführen.

2.1.6 Beschränkung des überwachten Personenkreises

Durch die Bündelung aller Daten einer Kategorie sind auch die in einer ersten Stufe anonymisiert zur Verfügung gestellten Daten für die Strafverfolgung bereits äußerst aussagekräftig. Wenn sich hieraus der Anfangsverdacht einer Straftat erhärtet, können in den so begründeten Einzelfällen die personenbezogenen Zuordnungen angefordert werden. Der Datenzugriff ist demgemäß an das zur Strafverfolgung bzw. zur Gefahrenabwehr Notwendige gebunden.

2.1.7 Beschränkung der Zugriffsrechte der nationalen Behörden

Den digitalen Schlüssel für diesen individuellen Zugang zu den Daten besitzt nur der Bürger selbst. Zusätzlich kann darüber nachgedacht werden, dezentral, z. B. bei speziellen Anwälten/Notaren, einen digitalen Zweitschlüssel zu hinterlegen. Je Kategorie könnte ein anderer Schlüssel verwendet werden.

2.1.8 Festlegung des Speicherzeitraums

De facto werden personenbezogene Daten nicht gespeichert. Stattdessen kann die Beziehung zu einer Person nur über einen digitalen Schlüssel hergestellt werden. Insofern sollte der Gesetzgeber einen generellen Zeitraum für die Datenspeicherung vorgeben.

Die vorgeschriebene Dauer könnte je Kategorie variieren. So ist bei Gesundheitsdaten möglicherweise eine andere Speicherdauer sinnvoll, als bei Daten zum Thema Freundschaften. Diese unterschiedliche Speicherdauer kommt den Datenschützern entgegen.

2.1.9 Schutz gespeicherter Kommunikationsdaten

Sowohl die Anonymisierung aller Daten eines Bürgers als auch das dezentrale Speichern an möglichst vielen unterschiedlichen Orten führen zu einem extrem erhöhten Schutz gegen Missbrauch.

Die dezentralisierte und anonymisierte Globalisierung bildet die Errungenschaften der vordigitalen Gesellschaft ab. Insofern sind die rechtlichen Regelungen anwendbar, soweit sie sich nicht von der Charta der Grundrechte der Europäischen Union entfernen. Die hier gesetzten rechtlichen Voraussetzungen können im Trusted Web 4.0 konfliktfrei technisch gelöst werden.

Zentralisierte Systeme bieten die Möglichkeit, Aktionen außerhalb des betroffenen Rechtsraums straffrei zu begehen und meist sogar unentdeckt zu bleiben. Die geografische Dezentralisierung gewährleistet die Strafverfolgung, wenn Straftaten nur innerhalb eines Rechtsraums begangen werden.

2.2 Verbesserung der Compliance

► Dezentrale Datenspeicherung reduziert die strafrechtliche Angriffsfläche.

2.2.1 CMS-Systeme alleine reichen nicht

Unternehmen beginnen in ersten Ansätzen, mithilfe eines Compliance-Management-Systems (CMS) die unternehmensinternen Regeln in einer zentralen Datenbank für alle Mitarbeiter zu verwalten und erreichbar zu machen. Doch selbst das beste Regelwerk bietet alleine keinen ausreichenden Schutz gegen falsche Anschuldigungen, welche einen erheblichen Schaden im Unternehmen verursachen können.

Unternehmen müssen sich darauf einstellen, dass in Zukunft immer öfter interne Daten dem Zugriff Unbefugter ausgesetzt sind. Umso zentraler Unternehmensdaten abgelegt werden, desto mehr Daten sind von Datendiebstählen oder Datenmanipulationen betroffen.

Hierdurch entsteht zusätzlich zum immer höher werdenden Ermittlungs- und Überwachungsdruck durch Aufsichts- und Strafverfolgungsbehörden die Gefahr, dass Daten von Wettbewerbern, ausländischen Geheimdiensten oder der Öffentlichkeit gegen ein Unternehmen verwendet werden. Andererseits ist es durch zahlreiche Cloud-Anbieter möglich geworden, Daten einfach dezentral an verschiedenen Stellen zu speichern.

2.2.2 Nicht lösbare Problemstellungen

Folgende Problemstellungen können durch ein CMS nicht gelöst werden:

- Von Mitarbeitern gespeicherte Entwürfe entsprechen oft nicht den Compliance-Regeln, da sie noch nicht mit der Bereichsleitung abgestimmt sind. Bei massenhaft gestohlenen Daten können so falsche Gerüchte über ein Unternehmen in die Welt gesetzt oder juristisch Regelverletzungen abgeleitet werden.

- In manchen Ländern gehen Staatsanwaltschaften in Verdachtsfällen dazu über, ganze Rechenzentren zu beschlagnahmen und damit den gesamten Betrieb zu gefährden.
- Das Unternehmen ist nach Datendiebstahl, -verlust oder Beschlagnahme möglicherweise in der Beweispflicht, welche Daten sich auf einem Server befunden haben oder welche Daten vor Rückgabe verändert wurden.

2.2.3 Forderungen an die Wirtschaft

- Es ist ein weltweiter Kategorienstandard zu schaffen, nachdem Daten gespeichert werden (s. Kap. 2, Abschn. 2.1).
- Je Kategorie sind ein anderer Speicherort, Sicherheitsstandard (Firewall etc.) und eine andere Authentifizierung zu verwenden. Bei Beschlagnahmung sind so nur die für eine Untersuchung notwendigen Teile betroffen.
- Entwürfe und fertige Dokumente sind an unterschiedlichen Speicherorten zu speichern.
- Bei unterschiedlichen Unternehmensstandorten sind die Daten dezentral je Unternehmensstandort und Kategorie zu speichern.
- Die virtuellen Kronjuwelen sollten ebenfalls dezentral an mehreren Standorten im eigenen Unternehmen möglichst ohne direkte Internetverbindung gespeichert werden.
- Das CMS muss das Regelwerk nach dem Kategorienstandard geordnet zur Verfügung stellen.

2.3 Neustrukturierung der ICANN/IANA

► Es besteht die Chance für die weltweite Einführung eines Kategorienstandards.

2.3.1 Ausgangssituation

Bisher hat das US-Handelsministerium die Oberaufsicht über die Vergabe der Domainnamen und der IP-Adressen durch die Internet Assigned Numbers Authority (IANA). Die IANA ist die wichtigste Dienstleistung der Internet Corporation for Assigned Names and Numbers (ICANN), einer Non-Profit-Organisation, welche seit 1998 mit Sitz in Los Angeles tätig ist. Eine beratende Funktion hat das Governmental Advisory Committee (GAC), an dem Regierungsvertreter aus über 100 Staaten teilnehmen. Bis Ende 2016 will die US-Regierung die Oberaufsicht über IANA abgeben. Wie die Neuregelung aussehen soll, ist bisher unklar.

Der Autor gehört einer deutschen Arbeitsgruppe an, die Vorschläge für die Neuordnung der Coordination Group der ICANN zur Verfügung stellt.

Folgende Überlegungen konzentrieren sich nur auf die wesentlichen Aspekte, die in Hinblick auf das Trusted Web 4.0 für diesen Dienst zu bedenken sind.

Die IANA-Funktion ist eine Datenbank (Root Zone Database), in der die Top-Level-Domains (TLDs), wie z. B. „.de“, abgespeichert sind. Diese Datenbank steht dem Internet über 13 Root-Server zur Verfügung. Sieben davon stehen in den USA. Wenn diese Server ausfallen, wird kein Rechner im Internet mehr gefunden.

Diese TLDs waren ursprünglich Ländern zugeordnet. Es gab wenige Ausnahmen, wie z. B. „.org“, „.com“, „.net“. Inzwischen kann sich jeder mit genügend Kapital für eine eigene TLD bewerben, solange diese nicht schon vergeben ist oder mit den Interessen eines Landes kollidiert. So haben sich z. B. „.bmw“ der Autohersteller und „.berlin“ die Stadt gesichert. „.amazon“ wurde jedoch nicht Amazon zugesprochen, da die Amazonasstaaten Einspruch einlegten.

Über diese TLDs findet man in der Root Zone Database zu einem Betreiber, wie z. B. für „.de“ die DENIC. In der Whoiswho-Datenbank des Betreibers sind die Daten der Einzelpersonen oder Provider zu finden, welche sich einen bestimmten weltweit eindeutigen Nummernkreis von IP-Adressen reserviert haben.

2.3.2 Forderungen aus Sicht des Trusted Web 4.0

- Zur Vermeidung einer unzulässigen Stigmatisierung bis hin zu Manipulationen darf nicht bekannt werden, wer einen anonymisierten Dienst benutzt.
- Ein globaler dezentralisierter Ansatz geht davon aus, dass ein anonymisierter Verbindungsaufbau unabhängig vom Standort weltweit möglich ist (Berberich 2015b).

2.3.3 Trusted Web 4.0 mit eigener TLD

Optimalerweise meldet das Trusted Web 4.0 eine eigene TLD an, z. B. „.arche“. Damit nicht alle anonymen Nutzer des Systems als anonyme Nutzer identifizierbar sind, wird die TLD auch nichtanonymen Nutzern zur Verfügung gestellt.

Der Vorteil einer eigenen TLD besteht darin, dass man die Infrastruktur global bestimmen und kontrollieren kann. Derzeit ist bei der IANA je TLD die genaue Adresse mit einem eindeutig Verantwortlichen eingetragen. Weiterhin sind die Name-Server aufgelistet. Das sind die Server, welche die IP-Adressen für die der TLD zugewiesenen Nummernkreise verwalten. Ebenfalls eingetragen ist die zugehörige Whoiswho-Datenbank. Hier müsste in Europa der Rechtsrahmen geschaffen werden, dass diese Whoiswho-Datenbank anonymisiert betrieben werden darf.

Zurzeit kann man zum Beispiel in Deutschland zu jeder Domain den Besitzer mit IP-Adresse in dieser Whoiswho-Datenbank nachsehen. Wenn eine Firma mehrere IP-Adressen hat, sind diese meist fortlaufend. Hierdurch ist sehr einfach zu ermitteln, wenn ein Mitarbeiter sich über einen Firmenrechner mit dem Internet verbunden hat. IPv6 will diese Transparenz noch erhöhen. Jeder User könnte dann einen eigenen Nummernkreis für alle seine Geräte bekommen, welche ihm eindeutig zuzuordnen wären.

Auch aus diesem Grund wäre es sinnvoll, selbst eine TLD zu verwalten. Es ist dann zwar möglich, festzustellen, dass jemand ein anonymer Nutzer ist, aber es gibt viele Möglichkeiten, zu verhindern, dass ein zusammenhängendes Profil zu einem Nutzer erstellt wird. Durch entsprechende technische Vorkehrungen kann man trotzdem im Einzelfall nach richterlicher Anordnung einen Rechner orten und Verlaufsprotokolle abrufen.

Für eine optimale Dezentralisierung sollte im Trusted Web 4.0 je Kategorie ein Name-Server betrieben werden.

2.3.4 Forderungen an die IANA

- Die Root Zone Database sollte zu einer TLD unbegrenzt viele Name-Server (> 1000) eines Betreibers verwalten können.
- Die weiteren möglichen Probleme sehe ich in dem noch nicht bekannten neuen Machtgefüge der ICANN.
- Bezüglich Trusted Web 4.0 ist hierbei vor allem auf das technische und vertragliche Verhältnis zwischen TLD-Betreiber und IANA/ICANN zu achten.
- Es darf weder die vertragliche noch die technische Verpflichtung gegenüber der IANA bestehen, in der Whoiswho-Datenbank des TLD-Betreibers personenbezogene Angaben Dritter zu speichern, wie z. B. „Inhaber einer Domain".
- Aus vom TLD-Betreiber an die IANA weitergegebenen allgemeinen Daten, wie z. B. Statistiken, dürfen sich keine personenbezogenen[1] Profile ableiten lassen.

2.4 Optimale Umsetzung des europäischen Urheberrechts und Datenschutzes

► Wenn Urheber die tatsächliche Verfügungsgewalt über ihre Daten haben, werden rechtliche Widersprüchlichkeiten und Unklarheiten aufgehoben.

Bisher gibt es noch kein bindendes Unionsurheberrecht. Dieses wird derzeit auf der Grundlage des neuen Art. 118 AEUV von der EU geschaffen. Es ist davon auszugehen, dass sich neue Freihandelsabkommen erheblich auf das Urheberrecht auswirken werden.

Das deutsche Urheberrecht regelt nicht nur die Rechte der Urheber, sondern auch der Verwerter, Nutzer und der Allgemeinheit. Bis zu 70 Jahre nach dem Tod des Urhebers sind seine Rechte geschützt. Wird mit einem Verwerter ein Verwertungsrecht vereinbart, so kann dieser für die vertraglich zugestandene Verwertungszeit sein Verwertungsrecht geltend machen. Der Nutzer schließt mit dem Urheber direkt oder meist mit einem Verwerter den Vertrag über die Nutzung seines Werkes.

[1] Personenbezogene Daten beziehen sich sowohl auf die Inhaber einer Domain unterhalb der TLD als auch auf die Nutzer der der TLD zugewiesenen IP-Nummernkreise.

„Die Allgemeinheit hat einerseits Interesse an Schutz von Kulturgütern und Förderung des kulturellen Schaffens, andererseits Interesse an dem ungehinderten Zugang zu Information und zur Nutzung von Werken als freiem Kulturgut“ (Ohly 2014).

2.4.1 Freier Zugang zu Information versus Urheberrecht

Mit dem Argument des öffentlichen Zugangs zu Informationen haben große Contentanbieter das digitale Urheberrecht weitgehend ausgehöhlt. Zum Urheberrecht gehört auch, dass man sein Werk aus dem Internet entfernen kann, wenn man dieses will. Dass ausgerechnet Google mit einem deutschen Suchmaschinenmarktanteil von über 90 % über das Entfernen von den in Deutschland zu findenden zentralen Links entscheidet, kann zumindest als bedenklich angesehen werden (Wendt 2014). Insofern ist der Datenschutz nur eine weitere Ausprägung des Urheberrechts, der sich auf ein durch den Urheber gewolltes Nutzungsverbot bezieht. Erfreulicherweise enthält die Charta der Grundrechte der Europäischen Union im Gegensatz zum deutschen Grundgesetz einen eigenen Artikel (Charta der Grundrechte der Europäischen Union 2012).

Im Internet gibt es eine Vielzahl von Möglichkeiten, das Urheberrecht auszuhebeln. Die bevorzugte Handelsform in der digitalen Welt ist der Tausch von Nutzungsrechten gegen Reichweite. Hiergegen ist grundsätzlich nichts einzuwenden, wenn der Deal für beide Seiten transparent ist und eine Win-win-Situation entsteht. Allerdings überwiegt heute die gefühlte Angst vor dem virtuellen Tod, wenn man nicht genügend Daten von sich preisgibt. Der Preisgabe von eigenen Kreativwerken und personenbezogenen Daten wird selten durch einen adäquaten Gegenwert aufgewogen.

In der vordigitalen Welt waren Werke wie Texte, Konzepte, Fotos und Bilder einfach zu schützen. Erst seit Mai 2000 gibt es überhaupt ein deutschsprachiges Google (Google 2015b). Zu dieser Zeit begann die Entwicklung des Digitaldrucks. In den klassischen Druckverfahren wie dem Offsetdruck mussten aufwendig Filme als Druckvorlagen und davon Druckplatten erstellt werden. Hierdurch waren die Urheberrechte optimal geschützt. Der Verwerter, meist in Form eines Verlages, konnte nur schwer über die tatsächliche Reichweite eines veröffentlichten Werks und somit die dem Urheber zustehende Vergütung täuschen. Notfalls konnte sich der Urheber an die Druckerei wenden und so die tatsächliche Reichweite ermitteln. Ebenfalls war die Art der Verwertung klar definiert. Zum Beispiel in einer Zeitung konnte der Urheber genau sehen, in welcher Umgebung und wie Anzeigen oder andere Artikel neben seinem Werk platziert wurden. Der Urheber hatte also zumindest rechtlich die Möglichkeit, sich den ihm zustehenden Anteil an der Verwertung zu sichern.

Dieses Urheberrecht wurde digital unterwandert. Ein einmal ins Internet gestelltes Werk wird fast beliebig genutzt, kopiert und in verschiedenen Umgebungen verwendet. Urheber fühlen sich erpresst, immer mehr Urheberrechte gegen die gefühlte Reichweite abzugeben. Und das, obwohl die Wertschöpfung der Verwerter enorm gestiegen ist. Man verwertet nicht nur das Werk des Urhebers, sondern speichert auch den, der das Werk ansieht, mit seinem Profil. Die Profildaten stellt man Dritten zur Verfügung. Es gibt also nicht nur ein ständiges Aufrüsten staatlicher Spionage, sondern auch eine erhebliche kommerzielle Wertschöpfung der über verschiedene Wege gewonnenen Daten.

Der Rechtsstaat steht dieser Entwicklung bisher hilflos gegenüber. Gemäß deutschem Recht müsste zum Beispiel jeder Nutzer auf jeder besuchten Webseite gefragt werden, ob von ihm Nutzerdaten erhoben werden dürfen und wer das darf. Tatsächlich sind es in der Regel ein Dutzend Profilvermarkter, die auf einer einzigen Webseite gleichzeitig, vom Nutzer unbemerkt, diesen beobachten. Die tatsächlichen Wertschöpfungsprozesse sind dem Urheber meist nicht einmal bekannt.

Alleine das Speichern von umfangreichen Profildaten kann als Urheberrechtsverletzung gewertet werden. Bei immer umfangreicheren Daten und Filtermethoden könnten aus diesen Daten Rückschlüsse auf das zukünftige Handeln von Personen erfolgen. Keine Idee entsteht im luftleeren Raum. Ideen sind meist die Neuinterpretation des Vorhandenen. So wird es bald möglich sein, Erfindungen einer Person durch die genaue Analyse aller seiner vorherigen Handlungen und von ihm gelesener Informationen vorherzusagen. Insofern ist das zu schützende Gut viel weiter zu fassen als ein veröffentlichter Text.

Da solche Urheberrechtsverletzungen schwer nachweisbar sind, ist die einzig mögliche Konsequenz der weitgehende Verzicht auf die zentrale Speicherung personenbezogener Daten. Ansonsten wird jedem kreativen Menschen, ob Künstler, Forscher oder Manager, sein geistiges Eigentum und die Motivation, weiter kreativ zu sein, entzogen. Auch Daten, die schon vor Jahren gespeichert wurden, werden durch künftig ständig verbesserte Filtertechniken im steigenden Maße verwertet.

2.4.2 Forderungen an den Gesetzgeber

Ziel muss es sein, jeden Urheber wieder in den oben beschriebenen vordigitalen Rechtsschutz zu stellen. Darüber hinaus bietet digitale Technik sogar die Möglichkeit, das geistige Eigentum weitgehend vom Urheber selbst verwalten und schützen zu lassen.

Technisch ist das mit Mitteln der Dezentralisierung und Anonymisierung möglich:

- Jeder sollte über einen individuellen Schlüssel zu seinen Daten verfügen und sich hierdurch – auch wenn die Daten in der Cloud liegen – in einer echten Besitzerposition befinden (Berberich 2014b).
- Ihm sollten Tools zur Verfügung stehen, um zu entscheiden, wer seine Werke sehen darf und welche Portale sie einbinden dürfen.
- Kopien müssten technisch untersagt sein, sodass der Urheber jederzeit seine Werke ganz oder für einzelne Zielgruppen aus dem Internet entfernen kann. In der Cloud kann über Links immer auf den Originaldatensatz zugegriffen werden.

So wird der Urheber in die Lage versetzt, im freien Handel selbst die optimale Wertschöpfung für seine Werke zu erzielen.

Mit den in diesem Buch genannten relativ kleinen technischen Neuerungen könnte die gesamte Diskussion um eine neue Gesetzgebung für die digitale Gesellschaft weitgehend überflüssig werden.

Konzepte der Zukunft 3

> ► Digitale Transformation bedeutet Beteiligung an der Wertschöpfung durch intelligente autonome und anonymisierte Prozesse.

Einen Bauplan der Zukunft zu schreiben, ist ein großer Anspruch. Der Autor hat sich seit über 15 Jahren nicht nur mit gesellschaftlichen und technischen Voraussetzungen für ein optimal im Sinne aller Beteiligten funktionierendes Internet auseinandergesetzt. Er hat auch unzählige Konzepte für IT-Unternehmensgründungen in seiner über zehnjährigen Tätigkeit als Gutachter für einen Gründungswettbewerb bewertet. Zudem war er selbst in ein Dutzend Pläne für ein sicheres Internet beratend oder federführend eingebunden.

3.1 Persönliches digitales System als disruptive Technologie

> ► Die letzten Zentimeter des Mensch-Maschine-Interface sind das Tor zur Wertschöpfung.
> Wer ein Konzept entwickelt, an dem alle fair partizipieren, wird selbst erhebliches Wachstum und Wertschöpfung generieren.

Nicht nur im Endkundensegment, sondern auch in Bereichen der Softwareentwicklung hatten Konzepte mit vordergründig kostenlosen Produkten in den letzten Jahren großen Erfolg. So hat Google mit 84,6 % Marktanteil an den mobilen Betriebssystemen (Kötzsch 2014) im Gegenzug zum kostenlosen Angebot die Kontrolle über den Nutzerzugang erhalten. Geschickt kontrolliert Google die eigentlich freie linuxbasierte Software durch proprietäre Software (Wikipedia 2015, Android). Das kostenlose Angebot ist wie ein Honigtopf, in dem sich erst App-Entwickler und dann die Nutzer selbst haben fangen lassen. Es wäre naiv zu glauben, man könnte über Nacht durch ein anderes virtuelles Produkt, wie etwa einen besseren Browser, Google verdrängen.

O. Berberich, *Trusted Web 4.0 – Konzepte einer digitalen Gesellschaft*, Xpert.press,
DOI 10.1007/978-3-662-49190-4_3

Allerdings ist Googles Stärke auch noch immer seine Schwäche. Es beherrscht die virtuelle Kundenschnittstelle. Das Unternehmen ist davon abhängig, dass seine Macht so groß ist, dass sich die Anbieter der Devices nach Google richten.

Schafft man es, mit welchem Geschäftsmodell auch immer, dem Endkunden die letzten Zentimeter des Mensch-Maschine-Interface in die Hand zu geben – etwa in Form des in diesem Buch vorgestellten PDS –, dann versteht der Nutzer seine Entscheidungsgewalt über seine Daten und über die von ihm gewünschten Produkte. Dann ist absolut nichts dagegen einzuwenden, wenn Google, Facebook etc., in einen echten Wettbewerb um den Kunden treten. Das nächste Betriebssystem braucht nur einen Stecker entfernt zu sein, um einen freien Wettbewerb zwischen verschiedenen Gesamtkonzeptanbietern zu gewährleisten.

Sehen wir uns den Individualverkehr an, dann hat sich ein komplexes System von persönlichem Besitz des Fortbewegungsmittels und öffentlich über Steuern finanzierter Infrastruktur entwickelt. Genauso muss das PDS unabhängig vom Provider im persönlichen Besitz des Nutzers sein. So wie er heute seine Telefonnummer von einem zum nächsten Provider mitnehmen kann, muss auch das PDS bei mehreren Anbietern gelten.

Die zukünftige Währung der Unternehmen sind die Daten. Betrachtet man allerdings die berechtigten rechtlichen Anforderungen des Datenschutzes und Urheberrechts, so kann es für Unternehmen viel einträglicher sein, sich ohne rechtliche Beschränkungen um den Mehrwert der Auswertung von bereits an der Quelle anonymisierten Daten zu kümmern, als nachher umfangreiche Vorkehrungen zu treffen, um Big Data überhaupt rechtskonform verwenden zu können. Man muss nicht wissen, wer der Kunde ist. Man muss nur wissen, dass er zu Bier auch Chips kaufen will. Wenn der Nutzer seine eigenen Daten beherrscht und entscheidet, wem er sie zur Verfügung stellt, fallen, wie im folgenden Abschnitt gezeigt werden wird, in vielen Bereichen rechtliche Hemmnisse weg und ermöglichen neue Geschäftsmodelle.

Wenn Menschen bereit sind, viele Tausend Euro in den Kauf eines Autos zu investieren, wie viel ist ihnen dann ein PDS wert, das sie sicher in der digitalen Gesellschaft begleitet? Doch das ist nicht die eigentliche Frage. In entsprechenden Stückzahlen kostet ein PDS zwischen 50 und 100 €. Die Stecker mit eigenen Rechnern refinanzieren sich durch die darauf abgebildeten Geschäftsmodelle. Diese Kosten sind unerheblich in Bezug auf die jährlichen Kosten, die der Nutzer heute bereit ist, für ein sicheres Internet auszugeben.

Findet sich eine entsprechende Allianz aus Anbietern von Automotive, Content, Software, Hardware, Sensoren, Industrie-4.0-Produkten, wird es überhaupt kein Problem sein, das PDS an die Nutzer zu verschenken. Andererseits ist ein Paradigmenwechsel sichergestellt, wenn auf einen Schlag alle ein solches PDS hätten. Die öffentliche Hand könnte E-Government erheblich beschleunigen, wenn sie das PDS an alle Bürger ausgibt.

Auch ohne hier einen Geschäftsplan vorzustellen, sollte das Potenzial eines PDS offensichtlich sein. Im Kap. 3, Abschn. 3.3 belege ich an konkreten Zahlen, dass eine wirtschaftlich erfolgreiche digitale Transformation nur mit der Umsetzung der in diesem Buch vorgestellten Konzepte möglich ist.

3.2 Ausblick in die einzelnen Bereiche

► Trusted Web bildet die Grundlage für eine funktionierende digitale Transformation in vielen Bereichen.

3.2.1 Anonymisierte E-Health-Systeme

► Dezentrale Organisation und Verfügungsgewalt des Patienten über seine Daten sind die Voraussetzung für die Akzeptanz und rechtliche Umsetzungsfähigkeit von E-Health.

Personenbezogene Krankheitsdaten sind besonders kritisch zu sehen. Deren ungewollte Veröffentlichung kann zum Arbeitsplatzverlust und zur langfristigen Stigmatisierung des Betroffenen führen. Die Einführung von E-Health in Deutschland scheitert derzeit faktisch an den hohen Hürden bei Datenschutz und Datensicherheit. Deshalb wird jetzt mit großer Geschwindigkeit das E-Health-Gesetz auf den Weg gebracht (Bundesministerium für Gesundheit 2015).

Trotz der Versprechen, hier hohe Standards vorzugeben, ist im Zuge der Zunahme von Cyberangriffen zu erwarten, dass auch die Gesundheitskarte, hinter welcher sich eine zentralisierte IT befindet, kurz nach der Durchsetzung in großem Maße von Datenabflüssen betroffen sein wird. Genau wie gespeicherte biometrische Daten haben Gesundheitsdaten einen lebenslangen Bezug zu den Betroffenen. Das kompromittierende Foto einer Fete kann gelöscht werden. Ein Fingerabdruck oder auch die DNA können während des gesamten Lebens eines Betroffenen gegen ihn verwendet werden. Das auch hierbei ein Datenabfluss in großem Maßstab möglich ist, kann nach dem Cyberangriff auf die US-Behörden nicht mehr bezweifelt werden (Spiegel 2015a).

Will man die Schadenshöhe berechnen, so ist das nur schwer möglich. Schließlich geht es ja nicht nur um den Schaden für den Betroffenen, sondern auch um das Erpressungspotenzial, welches sich durch den Datenabfluss ergibt. Geht man davon aus, dass mehrere Behördenmitarbeiter für einen mehrstufigen Angriff benutzt werden (Berberich 2016), so sind Schäden im Milliardenbereich bei einem gut vorbereiteten Angriff denkbar.

Aus Sicht des Trusted Web 4.0 sollten bei der Notfallmedizin und der präventiven Medizin unterschiedliche Lösungen geschaffen werden. In der Notfallmedizin kann weitgehend anonymisiert gearbeitet werden. Wichtig ist die Mitteilung des Standorts und der akuten Beschwerden. Die Anamnese und weitere Eigenschaften, wie z. B. Allergien, können über das PDS anonymisiert zur Verfügung gestellt werden.

In der Präventivmedizin sollten die Daten dezentral beim jeweiligen Hausarzt abgerufen werden können. Interessanterweise wird von den Ärzten selbst eine dezentrale Lösung gefordert (Wikipedia 2014, Elektronische Gesundheitskarte). Der vorgeschlagene USB-Stick ist jedoch nicht geeignet, da er gestohlen werden kann. Außerdem ist die Verwechselungsgefahr mit anderen Sticks sehr groß. Das Handling eignet sich nicht für eine

Zielgruppe – hier insbesondere auch alte Menschen –, die möglicherweise nicht einmal den Sinn eines Datensticks versteht (s. Kap. 1, Abschn. 1.2).

Das in diesem Buch vorgestellte Modell ist praktikabel. Durch ein auf Kategorien und Regionen aufbauendes Netzwerk (s. Kap. 2, Abschn. 2.1.3) werden zum Beispiel nur die von der Kategorie „Gesundheit" Betroffenen miteinander verbunden. Selbst bei weltweitem Ausfall des Internets ist so sichergestellt, dass die Ärzte einer Region noch mit ihren Patienten verbunden sind (Berberich 2014c).

Die vom Arzt erhobenen Daten werden pseudonymisiert abgelegt. Über einen Link zu den im Besitz des Patienten befindlichen personenbezogenen Daten können diese vom Arzt aufgerufen werden. Wechselt der Patient den Arzt, so hebt er die Personalisierung auf (s. Kap. 3, Abschn. 3.4.2.2). Andererseits kann der Patient jederzeit auf den für ihn beim Arzt angelegten Datensatz zugreifen und ihn zum Beispiel einem anderen Arzt zur Verfügung stellen.

Es gibt Landes- und Bundesgesetze zum Datenschutz und Gesetze zu Medizin und Gesundheit, die derzeit die Einführung von E-Health verhindern. Allen diesen Gesetzen wäre bezüglich des Datenschutzes Genüge getan, wenn wie hier gezeigt der Patient eine tatsächliche Verfügungsgewalt über seine Daten hätte. Die Datensicherheit würde durch die dezentrale Speicherung bei den Ärzten auf die vordigitale Sicherheit angehoben. Patienten könnten so zudem in den Entscheidungsprozess, welche Daten von den Ärzten an die Krankenkassen weitergegeben werden dürfen, eingebunden werden.

Im E-Health-Bereich werden bis 2017 26 Mrd. US$ Umsatz weltweit erwartet (E-Health Blog 2015). Diese Umsätze ließen sich erheblich steigern, wenn Datensicherheit und Datenschutz den entsprechenden Gesetzen genügen und vom Verbraucher kontrolliert und so akzeptiert würden.

Die derzeitige Entwicklung der permanenten Verbindung einer Smartwatch mit einem Menschen ist sehr kritisch zu sehen (s. Kap. 1, Abschn. 1.1.1). Diese sendet abhängig von der verwendeten App die Daten direkt an ein zentrales Portal. Der Nutzer sollte aber mit Ausnahme von definierten Notfällen, wie z. B. dem Aussetzen des Pulses, jede Datenübergabe an das Internet freigeben können. An das PDS könnte ein getrennter E-Health-Stick angeschlossen werden, der die Aufbereitung der medizinischen Daten übernimmt und nur zusammen mit dem PDS die Daten auf Wunsch personalisieren kann.

Von den Datenschützern bisher unbemerkt, ist in diesem Zusammenhang auch der in den modernen Smartphones eingebaute Motion Chip kritisch zu sehen. Dieser Chip bereitet alle Informationen der in den Mobilgeräten eingebauten Sensoren auf. So kommt zum Beispiel der Apple M7-Koprozessor seit 2013 im iPhone 5S und iPad mini 2 zum Einsatz (Wikipedia 2015, Apple M7). Der Chip ist in der Lage, selbst im Ruhezustand des Gerätes umfangreiche Bewegungsdaten zu sammeln. Durch das sogenannte Motion Tracking lässt sich genau rekonstruieren, wann jemand aufgestanden, gesprungen, gerannt etc. ist. Selbst wenn der Nutzer sein GPS ausgeschaltet hat, können so genaue Bewegungsprofile erstellt werden. Kombiniert man diese Motion-Tracking-Daten mit anderen Daten, wie z. B. mit Telefongesprächen über ein Festnetztelefon, so kann der Standort des Telefons als Bezugspunkt in das Bewegungsprofil miteinfließen.

Die von dem Motion Chip erfassten Daten werden gespeichert und stehen später beliebigen Apps zum Abruf zur Verfügung. Im Gegenzug erhält der Nutzer die oft fragwürdige, durch die Sensoren zur Verfügung gestellte Convenience. Viel zu oft drehen sich Bildschirme, wenn man es nicht will. Ein Klick in die rechte Ecke, um den Bildschirm zu drehen, wäre sicherer. Solche Motion Chips sollten auf jeden Fall von den personalisierten Daten getrennt gehalten werden.

3.2.2 Unterstützung statt Überwachung im vernetzten Auto

► Die Funktion des Autos als Hilfsmittel zur Steigerung menschlicher Leistung muss erhalten bleiben.

Das Auto ist die Erfolgsstory überhaupt für eine gelungene Symbiose zwischen Mensch und Technik. Das Auto steht als dezentrales Hilfsmittel seinem Besitzer zur Verfügung. Durch eine immer größere Serienvielfalt werden die individuellen Bedürfnisse des Einzelnen berücksichtigt.

Der Autofahrer hat zu jeder Zeit die Kontrolle über das Fahrzeug. Er beeinflusst die Bewegungen unmittelbar. Er bestimmt präzise, wann er den Motor sportlich und wann kraftstoffsparend schaltet. Bereits seit 20 Jahren gibt es Automatikgetriebe und trotzdem sind 73 % der Neuzulassungen weiterhin mit Schaltgetrieben ausgestattet (Wikipedia 2015, Fahrzeuggetriebe). Vielen Fahrern geht es eben genau darum, Technik zu beherrschen und nicht von der Technik beherrscht zu werden. Deshalb tut die Automobilindustrie gut daran, diese wichtigen psychologischen Aspekte zu berücksichtigen.

Von den Fahrern unbemerkt, hat eine weitgehende Digitalisierung der Fahrzeuge stattgefunden. Ausgelöst wurde diese Digitalisierung durch den Wunsch nach einer höheren Fahrsicherheit (z. B. Airbag) und höherer Effizienz (z. B. elektronische Einspritzung). Als Ergebnis werden immer mehr Datenströme produziert, die erstmals 2014 in der breiten Öffentlichkeit hinterfragt wurden (CAR IT 2014). Zusätzlich zu den Möglichkeiten, das Fahrverhalten zu überwachen und Datenströme zum Beispiel mit Geodaten zu vermarkten, haben die Möglichkeiten drastisch zugenommen, dem Fahrer über Manipulationen die Kontrolle über sein Fahrzeug zu entziehen.

Im *Sonderbericht Wirtschaftsschutz* (BSI et al. 2014) heißt es zu Cyberbedrohungen gegen Kraftfahrzeuge:

„Die dadurch vorhandenen Schnittstellen ergeben eine Vielzahl von Angriffsmöglichkeiten sowohl für Cyber-Spionage als auch für Cyber-Sabotage.“ Folgende Szenarien können daher von den Akteuren ausgenutzt werden: Abschalten des Motors, Aktivierung der Wegfahrsperre, Veränderung der Motordrehzahl, Manipulation des ABS-Regelkreises, Provozieren von Lenkmanövern, Auslösen von Bremsmanövern, Auslösen von Airbags.“

Die weltweite panikartige Reaktion auf den Abgasskandal von Volkswagen ist nicht nur ein Angriff auf das Image von „Made in Germany“ (Spiegel 2015b), sondern ein Zeichen für das Unbehagen, das viele Menschen durch die zunehmende Digitalisierung ihrer Kraftfahrzeuge verspüren. So vertrauen derzeit nur noch 43 % der Deutschen dem Unternehmen Volkswagen (Manager Magazin 2015).

Eine Vollautomatisierung des Fahrens, wie von Google entwickelt, ist für ein aktives Altern oder den Bereich der öffentlichen Verkehrsmittel interessant, könnte aber für lange Zeit bei der Zielgruppe der Selbstfahrer zum Flop werden (Google 2015a).

Eine weitergehende Digitalisierung wird solange vom Fahrer akzeptiert, wie es sich für ihn um unzweifelhafte Hilfsmittel und nicht um Kontrolle handelt. Die in diesem Buch vorgestellten Kommunikationsregeln zwischen Mensch und Auto sind dabei einzuhalten (s. Kap. 1, Abschn. 1.1).

Automobilhersteller sollten deshalb konsequent auf zentralisierte Portale verzichten. Wie bei Ericsson (Ericsson 2014) diskutiert, können vorhandene Verkehrsüberwachungssysteme entweder zentral oder eben dezentral, nur z. B. in der entsprechenden Funkzelle organisiert werden. Das ist nur eine Frage der Konfiguration. Insofern ist für die Ausgestaltung einer dezentralen, anonymisierten, digitalen Verkehrsinfrastruktur in erster Linie die Einsicht von Wirtschaft und Politik in deren Notwendigkeit gefragt.

Dabei sollte überlegt werden, Kraftfahrzeuge zu anonymisieren und im Hinblick auf die kommunizierten Eigenschaften zu standardisieren. Finden die in diesem Buch vorgestellten Kategorien Anwendung, so kann man hinter jeder der 1000 Kategorien eine erweiterbare Eigenschaftsliste als Weltstandard definieren. Wenn ein Nutzer ohne aktives Fahrerlebnis nur von A nach B gebracht werden will, ist es ihm im Zweifel egal, ob ihn ein LKW oder ein PKW mitnimmt.

Wenn also alle Eigenschaften definiert und eindeutig gegen andere Eigenschaften abgegrenzt sind (s. Kap. 1, Abschn. 1.1.14), können später beliebige Geschäftsmodelle zur Nutzung von Fortbewegungsmitteln entwickelt werden. In der Betriebswirtschaft zählen letztendlich nur die Auslastung und das Kosten-Nutzen-Verhältnis.

Anstelle eines Autoschlüssels sollte es in Zukunft möglich sein, einen Stecker während der Fahrt in das PDS zu stecken. Hierüber könnte eine sichere Funkverbindung mit dem Auto aufgebaut werden. Alle Daten, welche vom Auto nach außen gegeben werden, müssten vom Nutzer kontrollierbar sein.

Bei der Programmierung von Verkehrssicherheitssystemen stellen sich zunehmend ethische Fragen. Hat ein Sicherheitssystem alle relevanten Faktoren für eine „Entscheidung“ zur Verfügung und ist es in der Lage, innerhalb von Sekundenbruchteilen mehrere mögliche Szenarien durchzurechnen? Nur dann kann eine Programmierung Vorgaben im Sinne der Gesellschaft oder im Sinne der eigenen Fahrzeuginsassen hinterlegen. Wäre es im Sinne der Gesellschaft, wenn eher Kinder geschützt würden als alte Menschen oder wenn Entscheidungsträger wichtiger sind als Nichtentscheidungsträger?

Da ein solches System niemand kaufen würde, geht man derzeit davon aus, dass ein System immer seinen eigenen Insassen Vorrang geben wird. Derzeit ist weitgehend gesellschaftlich akzeptiert, dass Entscheidungsträger wichtiger sind als andere Menschen. Diese können sich wesentlich größere und sicherere Autos leisten. So schützt in der Regel heute ein Oberklassewagen seine Insassen besser als ein Kleinwagen. Diese Akzeptanz ist durch eine theoretische Gleichstellung möglich. So kann sich fast jeder Arbeitende ein gebrauchtes Oberklassefahrzeug kaufen, wenn er ansonsten auf jeden anderen Luxus verzichtet. Man ist also selbst schuld, wenn man sich vor einem Unfall nicht besser geschützt hat.

In Zukunft werden Oberklassefahrzeuge zuerst ihre Sicherheitssysteme ausbauen und damit den Abstand zur Sicherheit von Kleinfahrzeugen noch vergrößern. Sie werden aber auch besser überwachbar und von außen manipulierbar sein.

Es ist schon jetzt abzusehen, dass die Technik für selbstfahrende Autos wesentlich früher zur Verfügung stehen wird, als hieraus entstehende rechtliche und gesellschaftliche Probleme auch nur im Ansatz geprüft sein werden. Spannend wird es sein, wie sich der „öffentliche“ Individualverkehr entwickelt. Selbstfahrende Autos haben den Vorteil, dass sie alleine auch in ländliche Gebiete zu ihren Mietern fahren können. Insofern werden Sharing- und Mietkonzepte in Zukunft stark zunehmen.

Spricht man derzeit von selbstfahrenden Kraftfahrzeugen (Wikipedia 2015, Selbstfahrendes Kraftfahrzeug), so zielt die Serienreife in Europa noch im Wesentlichen auf die Unterstützung eines Fahrenden und die Übernahme von Teilaufgaben ab, wie etwa der von Mercedes entwickelte Stauassistent. Google hat mit einem Roboterauto Furore gemacht, das 2017 in die Serienproduktion gehen soll und in den USA für den Straßenverkehr unter der Bedingung zugelassen ist, dass ein Fahrer notfalls eingreifen kann.

Die bisherigen Modellversuche arbeiten mit dreidimensionalen Stereokameras und einer Vielzahl von Sensoren. Allerdings ist inzwischen klar, dass ein autonomes Fahren in einer Großstadt mit viel Verkehr und völlig unterschiedlichen Situationen nicht nur über die automatische Verarbeitung von Sensoren gelöst werden kann. Auch das „intelligente“ selbstlernende Auto von Google kann nicht sicher zwischen einem Pappkameraden und einem echten Polizisten unterscheiden. Wie ist es bei verkleideten Kindern?

Haben wir aus unseren Fehlern gelernt und führen wir das richtige Konzept für einen Smartcar ein?

Folgende Aspekte müssen für ein akzeptiertes Konzept berücksichtigt werden:

- Die Programmierung des Sicherheitssystems muss das Weltbild der Menschen (s. Kap. 1, Abschn. 1.1.9) enthalten, um hierdurch die hinterlegten Eigenschaften, z. B. die Beschleunigung und Maximalgeschwindigkeit eines Fahrrads, zu kennen.
- Der Mensch muss zu jeder Zeit die Technik dominieren. Er soll also die Möglichkeit haben, einzugreifen. Nur, wenn er diese Möglichkeit nicht nutzt, darf die Technik in Notsituationen „entscheiden“.
- Alle lebenden Verkehrsteilnehmer, also auch Tiere, müssen in dem Verkehrssicherheitskonzept vernetzt sein.
- Alle menschlichen Verkehrsteilnehmer sollen aktiv mit den anderen Verkehrsteilnehmern kommunizieren können. Zum Beispiel könnte ein Passant oder auch ein autonomes Fahrzeug einen fremden Hund warnen, nicht über die befahrene Straße zu laufen. Der Hund verfügt an seinem Halsband über eine elektronische Hundepfeife, auf die er zu reagieren gelernt hat und die ihn entsprechend warnt. Fußgänger könnten elektronisch signalisieren, dass sie eine Straße überqueren wollen.

- Alle Verkehrsteilnehmer müssen anonym miteinander kommunizieren können. Nur dann findet ein solches System Akzeptanz.
- Daten dürfen für die Strafverfolgung nur bei den einzelnen Verkehrsteilnehmern, nicht jedoch zentral aufgezeichnet werden.

Wie nahe der richtige und der falsche Weg beieinander liegen, demonstriert eindrucksvoll die neue KPMG-Studie für die Automobilindustrie (KPMG International 2015). In einem Diagramm wird „a day in the life of a fully connected customer" dargestellt. Der Mensch ist hier Teil einer Automatisierung mit dem Ziel, jegliche Zeit, auch die private, auf das Effektivste zu verplanen: „Your smart device tells you when and how to start your day". Man könnte fast meinen, das Diagramm wäre von einer „künstlichen Intelligenz" erstellt worden, die nur auf Effizienz programmiert wurde, der aber jegliches Verständnis für das Menschsein fehlt.

Es hilft einem Arbeitnehmer weiter, wenn er zahlreiche Tools erhält, die ihn bei Bedarf und mit situativ richtiger Ansprache unterstützen. Aber das Vorgeben von Alternativrastern, wie er seine Freizeit zu verbringen hat, macht den Menschen abhängig und auf Dauer dumm.

► Kreativität braucht möglichst viele nicht verplante Freiräume.

Tatsächlich war wohl keine künstliche Intelligenz am Werk, sondern ein Betriebswirt mit dem festen Blick auf die Generierung neuer Wertschöpfungsfelder durch die Gewinnung und Auswertung möglichst vieler personalisierter Daten. Richtig erkennt KPMG, dass die Wertschöpfung im Automobilbereich in Zukunft in der Dienstleistung rund um die Mobilität generiert wird. Andererseits findet derzeit bereits eine Verweigerung der Konsumenten wegen Reizüberflutung statt (s. Kap. 1, Abschn. 1.1.1). Weitere Daten zentral zu erheben, dient dem Ausbau von Manipulation und Überwachung, nicht aber der Generierung neuer Wertschöpfung.

Diese wird eher in echten Assistenzsystemen zu finden sein. Ein Wecker, der klingelt und alle Mitbewohner weckt, während man schon längst unter der Dusche steht, nervt. Ein Wecker, der merkt, dass man schon aufgestanden ist und nicht klingelt, ist intelligent und hilft. Dazu ist keine zentrale Datenerhebung nötig, sondern ein intelligentes autonomes auf ein Individuum und eine vernetzte Umwelt zugeschnittenes System.

Bereits jetzt werden auch in Deutschland für viel Geld die ersten Teststrecken für autonomes Fahren gebaut. Das in diesem Buch vorgestellte PDS für jedermann ist Voraussetzung für einen funktionierenden automatisierten Individualverkehr. Im Rahmen des Ausbaus von Straßen für autonomes Fahren fallen sowohl aufseiten des Straßenbaus als auch aufseiten der Verkehrsteilnehmer erhebliche Kosten an. Hierbei ist es möglich, ohne Mehrkosten für jeden Verkehrsteilnehmer, also für fast jeden Bürger, ein PDS zur Verfügung zu stellen.

In diesem Buch sind zahlreiche Konzepte genannt, wie man im Rahmen von Assistenzsystemen nachhaltige Wertschöpfung generieren und an andere Länder wie die USA und an Asien verlorene Wertschöpfungsbereiche zurückholen kann. Die Automobilindustrie ist dazu prädestiniert, dabei eine zentrale Rolle zu spielen.

3.2.3 Homebot zur Verwaltung von Smart Home und zur Energieversorgung

► Die dezentrale Steuerung von Smart Home und die Energiegewinnung führen zu einer hohen Akzeptanz neuer Technologien.

Derzeitige IPv6-Konzepte möchten jedes Objekt innerhalb eines Hauses, ob Waschmaschine oder Feuchtigkeitssensor, auch Smart Objects genannt, mit einer eigenen Adresse über das Internet kommunizieren lassen. Diese Smart Objects sollen dann über zentrale Portale gesteuert und verwaltet werden. Diese Sichtweise entstammt den historisch gewachsenen großen Energiekonzernen, die ihre zentralisierte Denkweise mit derzeit eher mäßigem Erfolg bis in den letzten Winkel des häuslichen Bereichs bringen möchten. Das Zuhause wird für viele Endkunden als der letzte Bereich betrachtet, in dem noch Privatsphäre herrscht. Selbst dem nicht technisch versierten Nutzer ist plausibel, dass die Technik ihn beherrschen wird, wenn jeder Sensor mit dem Internet verbunden ist (s. Kap. 1, Abschn. 1.1).

Ein dezentralisierter trusted-web-4.0-konformer Steuerungsansatz geht davon aus, dass ein Gebäude autonom sich selbst optimiert und soweit möglich Spannungsspitzen ausgleicht und so nicht jeden einzelnen Verbraucher an die Versorger mitteilen muss, sondern nur etwaige zu erwartende Spannungsspitzen. Die Kommunikation kann auf ein Minimum beschränkt werden. Da es keinen direkten Zugriff auf die einzelnen Geräte gibt, sind auch Angriffe von außen weitgehend auszuschließen.

Energiekonzerne müssen sich einer extremen digitalen Transformation unterwerfen, um in Zukunft erfolgreich zu sein. Sie sollten sich als Ergänzungszulieferer von Energie verstehen und die Wertschöpfung auf alle Bereiche rund um die Energie wie Produktberatung und Verkauf spezialisieren, sonst werden sie in kürzester Zeit verdrängt werden.

Automobilhersteller als Anbieter wie Tesla und jetzt auch Mercedes (Deutsche ACCUmotive GmbH & Co.KG 2015) stellen sich bereits in der dezentralen Energieversorgung auf. Ein großes Problem bestand bisher in der fehlenden dezentralen Speicherfähigkeit. Die neuen, bis zu 8 Module mit je 2,5 kWh Speicher sind äußerst preisgünstig und ermöglichen auch kleinen Wohneinheiten, erstmalig weitgehend autark den eigenen Strom zu erzeugen und zum Beispiel nachts, wenn über die Sonne keine Energie erzeugt werden kann, auf einen ausreichenden Speicher zurückzugreifen. Zusätzlich haben die Automobilhersteller viel Erfahrung mit der dezentralen Verarbeitung von komplexen Steuersignalen in einer dezentralen in jedem Auto eingebauten Steuereinheit. Genau dieses Knowhow wird benötigt, um einen dezentralen Homebot zu entwickeln.

Einen ersten vielversprechenden Ansatz einer dezentralen Energieversorgung verfolgt EnBW. Dezentral wird beim Kunden die Energieauslastung optimiert. EnBW verspricht, dass die vor Ort erhobenen Kundendaten auch beim Kunden bleiben. Ein dem Homebot vergleichbares System fragt nur zusätzlich benötigte Energie bei EnBW ab. Als Speicher wird der oben genannte Energiespeicher von Mercedes eingesetzt (EnBW 2015).

Der Homebot sollte gemäß den Vorgaben aus Kap. 1, Abschn. 1.1 in für jeden verständlicher Sprache den Nutzer fragen, ob er eine Kommunikation nach außen aufbauen soll. Hierzu sind nicht nur neue technische Voraussetzungen, sondern vor allem neue Geschäftsmodelle sinnvoll, wie z. B. eine Serviceflatrate. Der Nutzer tauscht am PDS den Mobilstecker gegen einen Homestecker, der gleichzeitig auch als Türschlüssel funktionieren kann, aus. Hierdurch wird automatisch 4G oder 5G durch WLAN ersetzt. Schon dadurch ist die Möglichkeit der Angriffe erheblich reduziert. Wichtig ist für den Nutzer das haptische Erlebnis von Sicherheit. Den Funkstecker legt er an der Tür ab, über den Schlüsselstecker ist er eindeutig bei dem Homebot angemeldet. Dieses sichere Steckerziehen ist nicht mehr Aufwand, als bisher mit einem konventionellen Schlüssel die Tür aufzuschließen, und genauso sicher.

3.2.4 Dezentrales E-Government

► E-Government und die Wirtschaft brauchen eine dezentrale Technologie zur Authentifizierungen und Identifizierung.

Von der öffentlichen Hand kann erwartet werden, in Sachen Datenschutz eine Vorreiterrolle einzunehmen (Berberich 2016). Derzeit ist für einen Bürger über die gesamte Informationsprozesskette mit Verwaltungen keine normale Sicherheit gewährleistet. Die Kommunen sollten Treiber der Dezentralisierungs- und Anonymisierungsidee werden. Schließlich legen die meisten – wenn auch zusammengeschlossen in kommunalen Rechenzentren – ihre Daten dezentral ab.

Bedenklich sind derzeitige Standardisierungstendenzen im Rahmen der E-Government-Initiative (Bundesministerium des Innern 2015). Die eID-Infrastruktur des Personalausweises beruht auf einer Public-Key-Infrastruktur. Über das BSI als zentralem Root-Betreiber wird die Funktion abgewickelt. Dieses Portal könnte also auch zentral angegriffen werden. Viel wichtiger aber als das unzureichende, weil zentralistisch aufgebaute Sicherheitskonzept sind sowohl die fehlende Convenience für die Nutzer als auch die fehlende Einbindung der Wirtschaft (Hoffmann 2014).

Ähnlich wie das eID-Verfahren arbeitet das von der Bundespolizei angebotene EasyPASS-System, welches insbesondere an Flughäfen die Grenzkontrolle automatisiert. Auch EasyPASS wird zentralisiert in diesem Fall bei der Bundespolizei verwaltet (Bundespolizei 2015). Zentrale Portale mit biometrischen Daten sind äußerst problematisch, da diese Daten nicht veränderlich sind und so in den falschen Händen ein ganzes Leben missbraucht werden können. Außerdem kann der Zugriff durch die Geheimdienste nicht ausgeschlossen werden (Monroy 2014).

Wie vorgeschlagen (s. Kap. 2, Abschn. 2.1.7), können die Zweitschlüssel in einem Dezentralisierungskonzept alternativ kommunal abgelegt werden. Kommunen sollten sich die Ideen des Trusted Web 4.0 zu eigen machen und für die Eigeninteressen der Rationalisierung von Behördenprozessen die Einführung eines PDS unterstützen. Der regionale Schlüssel könnte auch dazu verwendet werden, das PDS bei Diebstahl zu sperren oder die personalisierten Daten zu löschen.

Das Buch erläutert ausführlich, warum insbesondere eine mittelständisch ausgerichtete Wirtschaft in Zukunft von einem Konzept abhängig ist, in welchem die letzten Zentimeter der Kundenschnittstelle vom Kunden kontrolliert werden und die Vertraulichkeit der Daten entsprechend einer vordigitalen Sicherheit gewährleistet werden kann. Allein schon durch die Steckerfunktion des PDS und das Bündeln von Geschäftsfeldern über die vom jeweiligen Stecker bereitgestellte Technologie werden Oligarchien aufgebrochen. Es entsteht ein neuer an den Kundenbedürfnissen orientierter Wettbewerb.

Städte stehen ebenfalls miteinander im Wettbewerb. Durch ein nach dem Trusted Web 4.0 ausgerichtetes Gesamtkonzept können sie eine Gründerszene genauso befeuern wie bestehende Unternehmen mit entsprechenden Pilotprojekten gewinnen. Tragen Städte so einen Dezentralisierungsstandard in Pilotprojekten mit, haben sie zudem eine sehr gute Verhandlungsposition, um in Landes- und Bundesbehörden kompatible Strukturen zu schaffen. Im Ergebnis kann das PDS den Personalausweis dann ersetzen.

3.2.5 Industrie 4.0 als intelligentes Netzwerk von Maschinen

► Ein Wandel von der zentralisierten Globalisierung hin zur dezentralisierten Globalisierung ist möglich, wenn die Energiekosten in der Logistik weiter steigen und die Personalkosten im Verhältnis zu den Systemkosten unerheblich werden.

Die Wirtschaftlichkeit bestehender Produktionssysteme ist auf Großserien ausgelegt. Dabei umfasst das Ramp-up-Management „die Koordinierung aller Aktivitäten von der Planung über die Vorbereitung und der Fertigung des ersten Prototypen bis zur Produktion stabiler Produkte“ (Jeschke 2014). Durch Industrie 4.0 werden die Ramp-up-Phasen erheblich verkürzt. Dies ermöglicht weitgehend individuelle Kundenanfertigungen.

Ins Ausland verlegte Produktionen können durch die Dezentralisierung nach Deutschland zurückgeholt werden. Der VDMA (Verband Deutscher Maschinen- und Anlagenbau e. V.), dessen Mitglieder 2014 212 Mrd. € umsetzten, fordert so auch „wettbewerbsfähige nachhaltige Produktion in Kundennähe“ (Verband Deutscher Maschinen- und Anlagenbau 2015).

Als fünften Punkt in seinem 10-Punkte-Programm fordert der Verband: „Die mit Industrie 4.0 einhergehende Kommunikation zwischen Menschen, Maschinen, Fabriken und Unternehmen verlangt einheitliche, widerspruchsfreie und offene Standards, die den notwendigen Informationsaustausch gewährleisten“ (Verband Deutscher Maschinen- und Anlagenbau 2015).

Als Informationsstandard, der dieser Forderung entspricht, wurde in diesem Buch das an die Technik angepasste Vier-Seiten-Kommunikationsmodell vorgestellt (s. Kap. 1, Abschn. 1.1). Gemäß dem Vorschlag aus Kap. 2, Abschn. 2.1.6 können weltweit 1000 Kategorienserver in Subnetze je Sprache und Region verzweigt werden. Jeder Regionalserver vergibt seinen eigenen IP-Nummernkreis in seinem geografischen Einzugsgebiet. Systeme können mit mehreren IP-Adressen für mehrere Kategorien gleichzeitig arbeiten (Berberich 2014c). Hierdurch ist das Internet zweifach, durch die Kategorien und durch die Regionen dezentralisiert. Wenn Gleichgesinnte einer Region miteinander kommunizieren, z. B. Maschinen einer Branche, optimiert sich die Last im Internet durch kurze Wege. Latenzzeiten werden auf ein Minimum reduziert. Solche Systeme sind auch viel stabiler. Wenn fast das gesamte Internet ausfällt, können die an dem jeweiligen Subnetz Beteiligten einer Region immer noch miteinander kommunizieren.

Einig ist man sich, dass Industrie 4.0 aus dezentralen intelligenten und weitgehend autonomen Systemen bestehen muss. Diese Systeme müssen das menschliche Weltbild und die menschlichen Regeln der Kommunikation in ihrem Regelwerk enthalten, um im Sinne des auch zukünftig einzigen Konsumenten, des Menschen, produktiv zu sein.

Es ist zu überlegen, ob nicht Geschäftsmodelle geschaffen werden können, welche eine anonymisierte Kommunikation zum Beispiel über eine eindeutige Auftragsnummer zwischen Auftraggeber und der Smart Factory zulassen. Hier spielt die Anonymisierung eine große Rolle. Trotz aller elektronischen Zahlungsmöglichkeiten gibt es heute noch anonyme Währungen, welche überall auf der Welt gelten, aber trotzdem dezentral gelagert und anonym verwendet werden können. Solche Währungen sind zum Beispiel Gold und Edelsteine.

Entsprechende anonyme digitale Währungen wie Bitcoin gibt es ebenfalls bereits (s. Kap. 1, Abschn. 1.2.9). Jedes Smart Object einer Factory muss im Idealfall nur einer Clearingstelle seine Produktionseigenschaften und seine freien Kapazitäten mitteilen können. Über diese eindeutige Auftragsnummer könnten alle weiteren Aktionen wie Fertigstellungsinformation, Auslieferung, Reklamation etc. abgewickelt werden. Idealerweise ist eine solche Auftragsnummer dezentral, aber weltweit nur einmal vergeben.

3.2.6 Der Logistiker 4.0 als regionale Clearingstelle

► Der Regionallogistiker kann erhebliche Wertschöpfung durch die Bündelung von Aufträgen generieren und den Einzelhändler ersetzen.

Im Rahmen einer dezentralen, kundennahen Produktion fällt Regionallogistikern eine wichtige Rolle zu. So hat Amazon früh die zentrale Bedeutung einer guten Logistik in der Wertschöpfungskette erkannt und ist durch seine zentral organisierte Logistik groß und wirtschaftlich erfolgreich geworden.

Auch wenn die Ramp-up-Phasen verkürzt werden, so spielen sie doch noch eine erhebliche Rolle für die Kosten des Endprodukts. Dem wird ein geschickter Regionallogistiker durch seine Preispolitik gerecht. So kann es verschiedene Endkundenpreise abhängig von der Lieferzeit geben. Wer seine Ware direkt erhalten will, zahlt seine individuelle Ramp-up-Phase als Aufschlag. Wer länger warten kann, zahlt einen weit günstigeren Preis. Der Regionallogistiker kann in dieser Zeit weitere, mit gleichen Werkzeugen zu bearbeitende Aufträge sammeln und die Ramp-up-Kosten der Smart Factory durch mehrere Kunden teilen. In der letzten Stufe der Prozessreduzierung entfallen so die Personalverwaltungskosten der Smart Factory weitgehend. Insofern sollten Produzenten sich frühzeitig um die Beteiligung von Regionallogistikern bemühen.

Für die Auslastung des Unternehmens ist es sinnvoll, wenn der Regionallogistiker sich nicht nur auf eine Branche spezialisiert, sondern Branchen mit gleichen Logistikanforderungen bündelt. Wer Autos liefert, kann auch Traktoren liefern, ist aber für die Bücherlieferung mit gleichem Fuhrpark ungeeignet. Um Leerfahrten zu vermeiden und zur Kundenbindung der Produzenten sollte der Logistiker sowohl die Rohmaterialien zum Produzenten bringen als auch die Endprodukte zum Kunden.

Durch den zukünftig verbreiteten Einsatz von Drohnen fallen die bisherigen Kostennachteile der letzten Meile zum Kunden weitgehend weg. Der reine Einzelhändler verliert endgültig seine Berechtigung. Soweit notwendig, kann der Logistiker einen Showroom zur Verfügung stellen oder Erlebniseinkaufsangebote ergänzen.

3.2.7 Dezentralisierung des Finanzwesens

► Die zunehmende Anfälligkeit des globalen Finanzsystems fördert die Suche nach dezentralen überschaubaren Lösungen.

Das Dezentralisierungsthema muss ganzheitlich angegangen werden. Ein wichtiger Punkt für den Erfolg dezentraler Konzepte ist die Projektfinanzierung. Aber auch in der Zukunft wird es zentrale z. B. Telekommunikationsstrukturen geben müssen, um die Vernetzung großer Entfernungen zu gewährleisten.

Derzeit bestimmen zentralisiert strukturierte Global Player durch Unternehmensbeteiligungen sowie durch eine gute Vernetzung mit und Beteiligung von institutionellen Anlegern die wesentliche Innovationsfinanzierung. Eine grundlegende Voraussetzung für die Risikofinanzierung ist heute ein hoch skalierbarer Geschäftsplan. Wird eines von mehreren Unternehmen erfolgreich, kompensiert der Investor die Verluste der anderen Unternehmen und erhält die im Durchschnitt über alle Beteiligungen gewünschte Rendite. Ein globaler, meist zentralisiert angelegter Geschäftsplan ist also Voraussetzung für den Erhalt von Risikokapital.

Die meisten Geschäftskonzepte erfüllen diesen Anspruch nicht, können aber trotzdem in einem Rahmenkonzept der dezentralisierten Globalisierung sehr erfolgreich sein. Dezentralisierte Risikoverteilungskonzepte wie Auffangmodelle innerhalb eines Synergienetzwerks können hoch wirkungsvoll und transparenter funktionieren.

Eine neue Finanzierungsmöglichkeit bietet Crowdfunding. Beteiligt sich ein Kleininvestor an einem Fond, so ist er von den meist global ausgerichteten Entscheidungen des Fondsmanagers abhängig. Beim Crowdfunding wird das Geld genau für ein Projektziel eingesammelt. Dieses Modell steckt bezüglich der Investitionsgrößen noch in den Kinderschuhen (Wikipedia 2015, Crowdfunding). Nicht geregelt ist die Größe der einzelnen Beteiligung. Ebenfalls nicht geregelt ist, ob ein so gegründetes Unternehmen nicht in weiteren Finanzierungsphasen doch von Investoren mit der Absicht, es vom Markt zu nehmen, übernommen wird.

Eine Lösung könnte eine steuerlich begünstigte Form einer „europäischen Gesellschaft" sein, in der maximal 49 % der Stimmenanteile langfristig von den Gründern oder anderen Investoren gehalten werden dürfen und die anderen 51 % zu nicht mehr als 1 % Stimmenanteilen durch juristische oder natürliche Personen gehalten würden. Dieses Konzept ist derzeit unerprobt. Die Firma/Organisation könnte bei Gründung bis zum Verkauf direkt 51 % halten oder diese Anteile würden treuhänderisch verwaltet, damit der Verkaufserlös vollständig der Firma/Organisation zugutekommt. Solange das Kapital nicht über Strohleute gebündelt wird, wäre so sichergestellt, dass durch diese Finanzierung das eigentliche Projektziel nicht konterkariert wird.

Auch Banken beschäftigen sich inzwischen intensiv mit der Dezentralisierung und mit dezentralen Währungen, wie z. B. Bitcoin. Aber die Konzepte gehen noch weiter.

Die Grundlage für Bitcoin bietet die Blockchain-Technik. Vereinfacht kann man sich eine gespannte Kette vorstellen, in der in zeitlicher Abfolge neue Glieder angefügt werden. Will jemand ein bereits eingefügtes Glied in der Kette ersetzen, so würde die Kette zerreißen und alle würden das merken.

Die in diesem Buch vorgestellte Dezentralisierung der IT beruht auf der Idee, Daten an verschiedenen Orten dezentral zu speichern und insbesondere personalisierte Daten von anderen Daten zu trennen. Eine andere Art der Dezentralisierung ist die Möglichkeit, auf allen Computern alle Informationen über Transaktionen zu speichern. Genau so funktioniert Blockchain. Die Datei mit allen bisherigen Transaktionen ist derzeit ca. zwei Gigabyte groß und wird auf allen an diesem System beteiligten Computern in Kopie gespeichert. Alle Transaktionen sind bei Blockchain für jeden transparent und bauen mittels mathematischer Verfahren aufeinander auf. Es ist äußerst schwer, Manipulationen vorzunehmen, ohne dass diese Manipulationen entdeckt werden können.

In diesem Buch geht es jedoch weniger um den technischen Zusammenhang als um die Einsatzmöglichkeit in einer Gesellschaft, die mit den vordigitalen Errungenschaften ausgestattet ist. Gute Erläuterungen zu der Funktionsweise von Blockchain finden sich im Internet (M. Jäger 2015).

Interessanterweise haben sich neun der weltweit größten Banken zusammengetan, um eine Anwendung mit der Blockchain-Technologie zu schaffen (Reuters 2015). Man hofft durch den automatisierten Handel von Geldgeschäften, wie z. B. Aktien, und die fälschungssichere, weitgehend automatisierte Vertragserstellung erhebliche Rationalisierungspotenziale zu erreichen. „Die Blockchain ermöglicht es, Dinge dezentral umzusetzen, die vorher sinnvollerweise nur zentral organisiert werden konnten“ (Weiss 2015).

Auch lassen sich Onlinewahlen fälschungssicher gestalten und vieles mehr. Gehen wir aber wieder zurück zu der Frage, warum sich die größten Banken mit Blockchain beschäftigen.

Wie alle Global Player sind sie ihren Shareholdern gegenüber verpflichtet, ihre Marktpositionen auszubauen und die Gewinne zu erhöhen. Insofern werden die von den Banken vorangetriebenen Blockchain-Projekte in erster Linie dafür verwendet, um vorhandene Arbeitsplätze durch Automatismen zu ersetzen und den zunehmenden Missbrauch und die Manipulation von Onlinefinanzgeschäften in den Griff zu bekommen. Blockchain-Konzepte haben aber auch das Potenzial, derzeit für die Verfügbarkeit und Integrität von Daten noch notwendige zentrale Lösungen durch dezentrale Lösungen zu ersetzen.

Mittels dieser Technologie gibt es erste Projekte wie OpenLibernet, die ein globales Mesh-Netzwerk aufbauen und den Datenverkehr auf viele Schultern verteilen, so wie es der Idee dieses Buches entspricht. Hierdurch wird nicht nur die Verfügbarkeit des derzeitigen Internets erreicht, sondern ein gegen jegliches Ausfallszenario wesentlich robusteres System geschaffen.

Selbst wenn die Blockchain-Technologie eine Pseudonymisierungskomponente wie bei Bitcoin enthält, wird man weder den Betreibern noch den Entwicklern solcher Produkte trauen, dass sie keine Hintertüren zur Spionage eingebaut haben. Für die Vertraulichkeit ist Blockchain nicht optimal geeignet. Die Fehler der Vergangenheit, die Verantwortung für den Datenschutz auf wenige Schultern zu legen, könnten hier wiederholt werden. Banken können die Akzeptanz solcher Projekte erheblich beschleunigen, wenn sie für die Vertraulichkeit und zur Personalisierung Blockchain mit dem in diesem Buch vorgeschlagenen PDS kombinieren.

Nachdem in vielen Staaten das Bankgeheimnis de facto aufgehoben ist und zumindest staatliche Behörden umfangreichen Zugriff auf Bankdaten haben, gibt es große Bedenken, sich einem solchen Konzept völlig auszuliefern. Dies ist auch begründet, solange Millionen vertraulicher Daten von Behördenservern abfließen beziehungsweise Behörden über die gesamte Informationsprozesskette keinen sicheren Umgang mit den Daten gewährleisten.

Einerseits gibt es Zukunftsvisionen von smarten Verträgen, die ein Auto vollautomatisch abschalten, wenn die fällige Rate nicht bezahlt wurde, andererseits sieht man enormen rechtlichen Anpassungsbedarf an die aus diesen Konzepten entstehenden Problemstellungen (Kuhn 2015).

All dies ist im Zusammenhang mit der geplanten Abschaffung des Bargeldes zu sehen (s. Kap. 1, Abschn. 1.2.9). Der Staat hat ein berechtigtes Interesse, die ihm zustehenden Steuereinnahmen auch zu erhalten. Es gibt aber ein verbrieftes Bürgerrecht, dass der Einzelne mit seinem versteuerten Geld machen kann, was er will, solange er nicht andere dadurch beeinträchtigt und gegen geltendes Recht verstößt.

Zuerst einmal muss also geprüft werden, ob mit den in diesem Buch vorgestellten Konzepten die vordigitale Rechtsprechung nicht weitgehend erhalten bleiben kann. Gerade Banken sollten prüfen, ob es für sie nicht wirtschaftlicher ist, wenn sie sich als Finanzhändler mit automatisierter Verfügbarkeit und Integrität sehen und das Thema Vertraulichkeit ganz in die Hände des einzelnen Betroffenen übergeben. Die Angreifbarkeit durch Datenlecks und die aus Shitstorms entstehenden Schäden müssen in die Berechnung einfließen und können so auf ein Minimum reduziert werden.

3.3 Geht nicht, gibt es nicht!

► Digitale Transformation und Datensicherheit durch Dezentralisierung sind die wesentlichen Erfolgsfaktoren für die Zukunft der meisten Unternehmen.

Immer häufiger hört man: „Es ist doch sowieso schon zu spät. Die wichtigen Daten sind abgeflossen". Tatsächlich hat sich eine Datenverwertungslobby installiert, die mit bedenklich totalitären Tendenzen die demokratischen Systeme der Welt bedroht.

Sehen wir uns noch einmal die vordigitale Welt an. Obwohl die meisten Haustüren innerhalb von wenigen Minuten aufgebrochen werden können, sind die Zahl der Einbrüche und die Angst davor gering. Schließlich muss der Einbrecher zu jeder einzelnen Tür hinfahren. Jeder hat zudem als weiteren Schutz die Möglichkeit, ohne Eintrag ins Telefonbuch anonym zu bleiben. Einen dritten Schutz stellt die soziale Kontrolle durch Nachbarn dar, die einen Einbruch melden, auch wenn sie den Namen des Bewohners nicht kennen. Wenn wir es schaffen, eine dezentralisierte und anonymisierte IT durchzusetzen, erhöhen wir nicht die Sicherheit der einzelnen Tür. Aber wir machen einen flächendeckenden Angriff uninteressant, weil der Aufwand hierfür zu hoch ist.

Digital gibt es in der zentralisierten IT eine dicke Panzertür, hinter der man im Zweifel ohne weiteren Widerstand alle Bürger eines Landes oder einer sogar viele Länder umfassenden Community erreichen kann. Der Einsatz noch so teurer Werkzeuge lohnt sich für Staaten in gleicher Weise wie für Kriminelle, um diese Panzertür zu öffnen. Einen wesentlichen Risikofaktor bildet der Mensch. Niemand sollte einen Generalschlüssel besitzen und in Versuchung kommen, diesen für viel Geld oder unter Druck herauszugeben.

Alle zurzeit global erfolgreichen IT-Strukturen ordnen sich der Doktrin der Überwachung unter und wurden gesellschaftlich unreflektiert umgesetzt, obwohl es Alternativen gibt. Die meisten Bürger, aber auch insbesondere Führungskräfte, haben eine erstaunliche Fähigkeit entwickelt, alle Anzeichen für die Fehlentwicklung unserer Gesellschaft zu ignorieren. Nur, wenn wir uns verhalten wie im Widerstand, in dem das Vertrauen zu falschen Person den wirtschaftlichen Ruin bedeuten kann, Nichtstun jedoch die zukünftige Bedeutungslosigkeit und Aufgabe der eigenen Selbstbestimmung garantiert, werden wir diesem real existierenden globalen Krieg etwas entgegensetzen können.

Jenseits von Erklärungen und Appellen sollte letztendlich die folgende Zusammenfassung der Zahlen so deutlich sein, dass jeder Unternehmer eine Grundlage hat, sich selbst zwischen drei möglichen Wegen zu entscheiden.

Bis zu 575 Mrd. US$ Verlust entstehen weltweit durch Cyberschäden (Eckert 2015). Cyberkriminalität ist mit Fernzugriff weniger riskant und attraktiver als der Drogenhandel. Dabei ist fraglich, ob in dieser Zahl die hohe Dunkelziffer der tatsächlichen Angriffe berücksichtigt werden konnte. Ebenfalls ist nicht sicher, ob die langfristigen Schäden genügend Berücksichtigung finden. Know-how, das einmal abgeflossen ist, kann von Konkurrenten in Billiglohnländern benutzt werden, um Produkte nachzubauen. Kreative, am Markt erfolgreiche Produkte können nicht unbegrenzt neu entwickelt werden. Oft geht es also um die Existenz von Unternehmen.

Sicher ist, die Zahl der Attacken wird in Zukunft größer und nicht kleiner werden. Bisher liegt noch so viel Geld hinter offenen Türen, z. B. Router mit Standardpasswörtern, dass das Angriffspotenzial durch interdisziplinäre Angriffe und mehrstufige Angriffe (Berberich 2016) noch nicht einmal ansatzweise ausgenutzt wurde. Insbesondere in zyklisch wiederkehrenden Wirtschaftskrisen führen Geheimdienste zunehmend für die eigene Wirtschaft solche Angriffe durch. Dazu kommen die noch gar nicht einzuschätzenden Angriffsrisiken bei der direkten Vernetzung von Milliarden von Geräten.

Im Vergleich wirken die drohenden Wertschöpfungseinbußen über eine Zeitschiene bis 2025 in Höhe von insgesamt geschätzten 605 Mrd. für Europa im Zuge der digitalen Transformation fast bescheiden (Schönefeld 2015).

Bücher wie *Dematerialisierung, Die Neuverteilung der Welt in Zeiten des digitalen Darwinismus* (Kreutzer und Land 2015) wollen alle diejenigen wachrütteln, die sich in ihrem Bereich von den Veränderungen der Wirtschaft scheinbar nicht betroffen sehen. Allerdings vernachlässigt das Buch vollständig, dass gerade neue erfolgreiche Projekte Aufsehen erregen und dadurch in den Fokus von Cyberkriminellen und Wettbewerbern geraten. Interessanterweise ließe sich der genannte Titel auch für ein Buch benutzen, welches die Auflösung unserer sozialen Marktwirtschaft zugunsten einiger Datenverwerter beschreibt.

Tatsächlich sind viele Unternehmen nicht in der Position, an den Marktveränderungen teilzunehmen, solange nicht ein stabiles Umfeld für die Einführung digitaler Konzepte besteht. So haben 58 % der Unternehmen und Behörden in den letzten zwei Jahren eine Cyberattacke auf sich erkannt. Fast die Hälfte (42 %) der Angriffe waren erfolgreich und führten zu Schäden durch Betriebs- bzw. Produktionsausfälle und Kosten für die Wiederherstellung der betroffenen Systeme (Bundesamt für Sicherheit in der Informationstechnik 2015).

Nur wenn man die in diesem Buch geforderten Technologien einführt, kann in Zukunft, dann wesentlich in Bereichen der Dezentralisierung, überhaupt noch von einem Wachstum gesprochen werden. Dem kommt entgegen, dass es auch globale Tendenzen zu einer Dezentralisierung gibt. So sieht der WTO-Chefökonom Robert Koopman den Zenit der Globalisierung überschritten (Deutsche Wirtschaftsnachrichten 2015).

Es würde den Rahmen dieses Buches sprengen, wollte man auf die branchenspezifischen Herausforderungen eingehen. Sicherlich gibt es große Unterschiede in der Auswirkung der Digitalisierung auf die einzelnen Bereiche. Auch hängen die potenziellen Schäden von Cyberangriffen davon ab, wie viele digitale Prozesse im jeweiligen Unter-

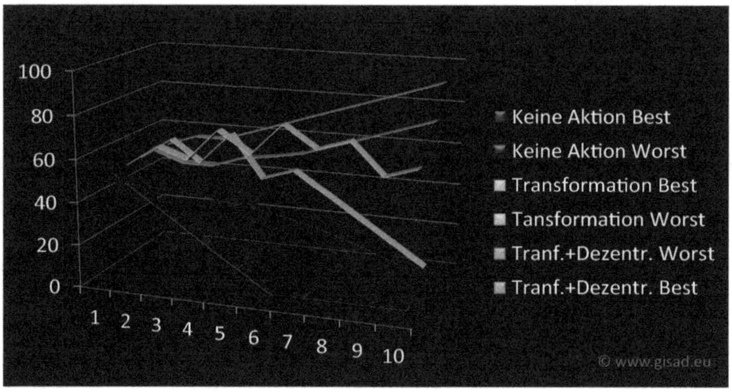

Abb. 3.1 Drei Wege der Unternehmensentwicklung

nehmen vorhanden sind beziehungsweise durch die Digitalisierung eingeführt werden. Aus den branchenspezifischen Zahlen leitet sich jedoch nur ein gradueller Unterschied in Bezug auf die Bedrohung zukünftiger Wertschöpfung ab.

Prinzipiell stehen alle Unternehmen vor der Entscheidung, einen der drei folgenden Wege zu gehen. Vor diesem Hintergrund wurde die Abb. 3.1, wenn auch ohne belastbares Zahlenmaterial, auf einer Zeitschiene von 2015 bis 2025 erstellt.

Unter Berücksichtigung der im Folgenden dargestellten Aspekte werden sich die Trends in dem vorgestellten Rahmen der Grafik (Abb. 3.1) bewegen. Alle drei Wege beginnen bei 50 % Wertschöpfung des Unternehmens. Eine Steigerung der Wertschöpfung auf 100 % oder eine Reduzierung der Wertschöpfung bis auf 0 % werden angezeigt. Nur Unternehmen, die in einem Markt etabliert sind, werden berücksichtigt. Ich gehe davon aus, dass es nach den vordigitalen Spielregeln keine unvorhergesehenen Ereignisse gibt, dass keine unternehmerischen Fehler begangen werden und dass durch langfristige Geschäftsbeziehungen weitgehend abgesicherte Umsätze existieren.

Jeder Weg zeigt ein Best-Case- und ein Worst-Case-Szenario an. In dem Bereich dazwischen werden sich die meisten Unternehmen in Zukunft wiederfinden.

3.3.1 Unternehmensführung ohne Veränderung

Den ersten Weg beschreiten Unternehmen, die davon überzeugt sind, von der digitalen Transformation nicht betroffen zu sein, und es für ausreichend halten, im bisherigen Umfang ihre Geschäftsprozesse weiter zu optimieren.

Beispielsweise lässt ein deutsches Unternehmen seine IT von bewährten Partnern im Rahmen von Serviceverträgen warten. Regelmäßig werden zudem Upgrades eingespielt. Die Virenscanner auf den Rechnern sind immer aktuell und zeigen keine Bedrohungen an. Ein Serviceprovider hält die standardisierten Attacken fern. Selbst DDoS-Attacken werden durch ihn umgeleitet. Die Webseite des deutschen Unternehmens ist so immer über das Internet erreichbar.

Irgendwo auf der Welt hat dann ein Start-up eine Idee. Es kommt aus einer völlig anderen Branche und generiert Wertschöpfung in einem völlig anderen Bereich als der deutsche Unternehmer. Allerdings kann es in dem Markt des Deutschen wesentlich günstigere Preise anbieten, weil es in seiner Wertschöpfung breiter aufgestellt ist und durch Synergien in der Prozesskette Kosten spart. So wurde Amazon zum Beispiel 1995 als reiner Buchhandel gegründet und ist heute ein weltweites Logistikunternehmen.

Im Best Case verläuft die Wertschöpfung des Deutschen dann entlang der zweiten Kurve von unten in Abb. 3.1. Die Wertschöpfung geht innerhalb von zehn Jahren langsam zurück. Das Unternehmen schrumpft, kann sich aber insbesondere mit den Kunden, die sich ebenfalls versuchen, der digitalen Transformation zu entziehen, noch mit entsprechender Reduzierung von Mitarbeitern am Markt halten. Das Start-up wächst aufgrund seines Wertschöpfungsvorteils so schnell am Markt, dass es gar keine Ressourcen hat, sich um den Deutschen als Wettbewerber zu kümmern.

Allerdings sind auch in der digitalen Transformation echte disruptive Technologien oder revolutionäre Geschäftsmodelle eher die Ausnahme als die Regel. Viel wahrscheinlicher ist, dass das Start-up zum Geheimdienst seiner Regierung geht und um Unterstützung beim Ausspähen des Know-hows des Deutschen bittet. In vielen Staaten wie China und Russland ist der Spionageauftrag für die heimische Wirtschaft gesetzlich verankert. Wenn das Start-up überzeugt ist, das Know-how zu besitzen, lässt es in einer zweiten Phase das Unternehmen massiv angreifen.

Bei einem intelligenten Angriff merkt der Deutsche gar nicht, dass sein Know-how abfließt. Innerhalb von kurzer Zeit bleiben die Kunden aufgrund gezielter Falschinformationen, abgefangener Sendungen etc. weg und der Deutsche gelangt gemäß der unteren Kurve (Abb. 3.1) innerhalb weniger Jahre, im Extremfall sogar innerhalb von Monaten, in die Insolvenz.

3.3.2 Unternehmensführung mit aktiver digitaler Transformation

Diesen Weg gehen Unternehmen, die sich in der Regel externes Know-how einkaufen mit dem Ziel, in ihrer Branche die vorhandenen Marktanteile zu halten und optimalerweise Marktanteile hinzuzugewinnen.

Geht der Deutsche aus unserem Beispiel diesen Weg, dann hat er hierfür einen fundierten Geschäftsplan. Die alten Wertschöpfungsketten wurden aufgebrochen. Das deutsche Unternehmen will sich nur noch um die für ihn attraktiven Wertschöpfungsbereiche kümmern und alles andere seinen Partnern überlassen. Dazu gehört auch die IT. Alles wird in die Cloud verlegt. Man greift im Wesentlichen auf Managed Services zurück und lagert so vordergründig die Inhouse-Risiken aus.

Der Turnaround gelingt schnell und in kürzester Zeit verzeichnet der Deutsche erhebliche auf Wertschöpfungszuwächse zurückzuführende Gewinne. Dies bleibt in der Branche nicht unentdeckt. So wie er plötzlich in völlig neuen Bereichen Wertschöpfung generiert, erhält er auch Gegner, zu denen er sich vorher als Wettbewerber nicht positionierte.

Sein neues Geschäftsmodell ist hoch skalierbar für den globalen Markt erstellt. Nicht nur die Wettbewerber aus anderen Branchen, sondern auch die internationalen Wettbewerber machen ihm zunehmend Probleme. Diese fühlen sich bedrängt und greifen in Zukunft selbstverständlich über Cyberattacken an. Gegen gezielte Attacken, wie sie heute noch selten sind, kann man sich nur begrenzt wehren. Erbeutete Informationen benutzen Wettbewerber entweder für eine direkte Erpressung oder meist effektiver zum Auslösen eines Shitstorms, wenn z. B. Normen oder Kundenversprechen durch den Deutschen nicht eingehalten wurden.

Im besten Fall wiegt der Wertschöpfungszuwachs die Verluste der Angriffe gemäß der oberen hellen Kurve in der Mitte auf (Abb. 3.1). Entnervt gibt der Deutsche nach zehn Jahren auf und verkauft sein Unternehmen mit Gewinn. Im Worst Case steht er nach zehn Jahren ungefähr da, wo er bestenfalls bei Einschlagen des ersten Weges hätte stehen können (vgl. untere mittlere helle Kurve in Abb. 3.1).

3.3.3 Unternehmensführung mit Dezentralisierung und Anonymisierung

Die Unternehmensziele des dritten Weges sind vergleichbar mit dem zweiten Weg. Allerdings lässt sich das Unternehmen Zeit, seine Prozesse zu anonymisieren und zu dezentralisieren. Es beachtet dabei die Grundlagen eines Trusted Web 4.0 aus Kap. 1 und Kap. 2.

In den ersten zwei Jahren wird etwas weniger Wertschöpfung generiert, denn alle Ressourcen des Unternehmens werden nach innen gerichtet, um sich neu aufzustellen. Wichtig ist, dass alle Mitarbeiter das Dezentralisierungskonzept mittragen. Dafür wird von den Mitarbeitern eine hohe Flexibilität erwartet, sich an die neue Organisationsform anzupassen. Grundsätzlich ist jetzt der richtige Zeitpunkt zur konstruktiven Zerschlagung des Unternehmens, da auch die digitale Transformation nicht ohne innere Veränderungen des Unternehmens möglich ist. Im Idealfall werden die Veränderungen durch die neuen Unternehmenswertschöpfungsbereiche mit der Dezentralisierung und Anonymisierung abgestimmt.

Das Wachstum des dritten Weges ist anfänglich langsamer als bei dem zweiten Weg. Allerdings ist man wesentlich sicherer gegen Angriffe von außen aufgestellt. Selbst mehrstufige Angriffe erreichen nicht das lebenswichtige Know-how des Unternehmens, sondern richten nur verkraftbare Teilschäden an.

Ab dem 5. Jahr geht die Entwicklung der beiden Kurven mit der höchsten Steigung am Ende (Abb. 3.1) von der Markteinführung von PDS-Systemen aus. Sollte es nicht gelingen, bis dahin die letzten Zentimeter zum Kunden von den derzeitigen Oligarchen abzunabeln, ist jegliche Zukunftsprognose hinfällig. In jedem Geschäftsplan müssen dann die nichtkalkulierbaren zunehmenden Kundenzölle und Übernahmen von Wertschöpfungsbereichen durch die Oligarchen Berücksichtigung finden.

3.4 Die nächsten Schritte

► Ohne breite Unterstützung eines Paradigmenwechsels durch Wirtschaft und Politik wird es in Zukunft kein sicheres Internet geben.

Damit die öffentliche Hand weiterhin den Schutz ihrer Bürger sicherstellt, sollten von ihr Pilotprojekte mit Vorbildfunktion und Forschungsförderung zum Trusted Web 4.0 erwartet werden. In einem ersten Schritt steht jedoch nicht die weitere technische Entwicklung im Vordergrund, sondern die Gründung einer Institution, die erst einmal interdisziplinär alle Bemühungen zur Dezentralisierung und Anonymisierung weltweit erfasst und diese als Struktur relevant definiert. Daraus kann dann ein Masterplan für eine europäische Antwort auf eine totalitäre Globalisierung im Sinne weniger Global Player, wie sie derzeit entsteht, abgeleitet werden.

Es kann nicht oft genug erwähnt werden, wie wichtig es ist, eine sichere Kommunikation als Grundlage für einen eigenen Weg zu schaffen. Informationssicherheit auf einem normalen Niveau über die gesamte Prozesskette ist die Grundlage dafür, dass überhaupt eine Entwicklung des Trusted Web 4.0 möglich ist. Wenn die Kommunikation mit Geldgebern und der öffentlichen Hand jederzeit von Datenverwertern mit entsprechenden Möglichkeiten unterbunden werden kann, dann wird es keine Entwicklung und Markteinführung für ein sicheres Internet geben.

Die derzeitige IT-Sicherheitsforschung ist eng verbunden mit den Geheimdiensten. Es wird noch immer als Ritterschlag betrachtet, wenn man Forschungsmittel etwa in der Verschlüsselung von den Geheimdiensten erhält. Die derzeitige IT-Sicherheitsbranche ist wichtig, um Datenverfügbarkeit und Datenintegrität zu gewährleisten. Die Forschung zum Erhalt digitaler Vertraulichkeit durch Anonymisierung und Dezentralisierung muss hiervon aber komplett abgekoppelt werden. Entsprechend regte der Autor auch nach dem Angriff auf den Deutschen Bundestag (Berberich 2016) bei den relevanten Ministerien die Schaffung eines Referats für Dezentralisierung an.

Es geht eben in erster Linie nicht um den Einsatz neuer Technik, sondern um ein Umdenken und eine Neuordnung in dezentralen Organisationsstrukturen. Hierdurch werden nicht nur Schäden vermieden, sondern es besteht auch die einmalige Chance, durch den Export von dezentraler IT neue Arbeitsplätze zu schaffen.

Die mittelstandgeprägte deutsche Wirtschaft muss sich für ein Trusted Web 4.0 formieren. Hierbei handelt es sich immer noch um die wesentliche Mehrheit der Wertschöpfungsbringer und um die, welche am meisten zum „europäischen" BIP beitragen und gleichzeitig die Hauptgeschädigten durch Datenabflüsse sind!

Im Kap. 1, Abschn. 1.2 wurde darauf hingewiesen, dass insbesondere die Älteren in einer Pflegesituation davon bedroht sind, völlig von Technik dominiert zu werden. Viele hochqualifizierte Manager werden heute weit vor dem Erreichen der offiziellen Rente freigesetzt. Diese müssten ihre Stimme erheben und ihre Erfahrungen bei der Mitgestaltung der Nachkriegsdemokratie einbringen, anstatt den Jungen, die oft unreflektiert nur den vordergründigen Nutzwert einer weiteren Steigerung der Reizüberflutung sehen, das Feld zu überlassen.

Der hier vorgestellte Weg eines Trusted Web 4.0 soll letztendlich als europäische Lösung mit dem Anspruch, einen globalen Standard zu setzen, gesehen werden. Fördermittel und Vorleistungen in Höhe von ca. 50 Mio. € sollten bereitgestellt werden. Im Verhältnis zu den Schadenssummen und Verlustszenarien (vgl. Berberich 2016 und Kap. 3, Abschn. 3.3) ist eine solche Investition gut angelegt und dringend notwendig. Eine Refinanzierung sowohl für die öffentliche Hand als auch die Wirtschaft ist in kürzester Zeit möglich.

So wie die USA auf ihr Verständnis als Weltpolizei zugeschnitten einen Masterplan erarbeitet und diesen konsequent und dadurch erfolgreich im Bereich der IT umgesetzt hat, muss die Europäische Union ihrem Motto: „In Vielfalt geeint" (Europäische Union 2015), gerecht werden. Vielfalt ist das Gegenteil von Massenüberwachung und Massenmanipulation und kann nur mit dem Respekt vor der Privatsphäre und Autonomie des einzelnen Bürgers verbunden sein. Derzeitige zentralisierte IT-Entwicklungen führen zwangsläufig zur zentralen Steuerung und Gleichschaltung der Bevölkerung und sind nicht vereinbar mit oben genanntem Anspruch der EU. Will die EU ihre eigene Identität behalten, so muss sie sich geschlossen hinter eine ganzheitliche Sichtweise stellen, welche die gesellschaftlichen Errungenschaften der europäischen Demokratien konsequent auf die Entwicklung von technischen Konzepten für autonome Systeme überträgt.

Um die europäische Dimension dieser Aufgabe zu unterstreichen, sollte deshalb, wie im folgenden Abschnitt erläutert, die Gründung eines europanahen Instituts GISAD (Global Institute for Structure relevance, Anonymization and Decentralization) vorangetrieben werden.

3.4.1 GISAD

► Trusted Web 4.0 benötigt ein Sprachrohr.

Wenn sich das richtige Dutzend Entscheidungsträger aus der ersten Führungsebene der größten europäischen politischen und wirtschaftlichen Institutionen als Gründer für die Durchsetzung eines Trusted Web 4.0 einsetzt, kann ein sicheres Internet ohne erhebliche zusätzliche Geldmittel in kürzester Zeit realisiert werden.

Die an einem solchen Konzept ernsthaft Interessierten sollen in einem zweiten Schritt in einem Verband zusammengefasst werden, um eine entsprechend mächtige Stimme in der EU zu erheben. GISAD soll die folgenden Aufgaben erfüllen.

3.4.1.1 Transparenz für nachhaltige Technologien schaffen!

Durch GISAD sollen Gutachten zur Strukturrelevanz von Ideen und Projekten erstellt werden. Hierbei spielt es keine Rolle, ob eine Idee bereits am Markt erprobt wurde.

In einer derzeit zentralisierten Globalisierung entstehen monopolistische Strukturen mit totalitären Tendenzen. Hierdurch gehen zunehmend über Jahrhunderte erarbeitete Freiheitsgrade für den Einzelnen wieder verloren. In einer solchen Umgebung besteht die Gefahr, dass neue Ideen unterdrückt oder nur einer sehr kleinen Zielgruppe zur Verfügung gestellt werden. Wenn nur noch auf Basis von Renditeerwartungen über Projekte entschieden wird und zudem durch digitale Attacken immer leichter Wettbewerber ausgeschaltet werden können, besteht die Gefahr, dass eine sehr kleine weltweite Führungsschicht sich komplett von dem Rest der Welt abkoppelt.

So werden zum Beispiel in der Medizin durch die Programmierung von induzierten pluripotenten Stammzellen seit 2006 erhebliche Fortschritte verzeichnet. Innerhalb der nächsten Jahrzehnte ist es realistisch, den Alterungsprozess im Sinne einer erheblichen Verlängerung der Lebenszeit aufzuhalten. Aus betriebswirtschaftlicher Sicht gibt es keinen Grund, diese Technologie einer breiten Bevölkerungsschicht zur Verfügung zu stellen. Viel einträglicher ist es, diese ohne Marketingkosten, Vertriebskosten und ethische Diskussionen oder gar mögliche Ressourcenkriege den reichsten Menschen exklusiv und geheim anzubieten. Diese würden sicherlich jeweils 100 Mio. € dafür bezahlen, in einer kleinen Gruppe ihre Macht durch eine wesentliche Verlängerung der Lebenszeit ausbauen zu können.

GISAD-Gutachten müssten für Unternehmensgründer finanzierbar sein. Standardisierte Gutachten zur Strukturrelevanz will GISAD für unter 1000 € anbieten.

3.4.1.2 Eine der vordigitalen Gesellschaft vergleichbare Sicherheit wiederherstellen!

In fast allen Bereichen, in denen IT eingesetzt wird, gibt es derzeit Tendenzen, die IT zu zentralisieren und die Autonomie der Menschen durch massenhafte Beeinflussung zugunsten einer globalen Gleichschaltung zu beschränken. Auf der anderen Seite nimmt die Autonomie von intelligenten vernetzten Systemen zu. GISAD attestiert durch Gutachten Projekten und Ideen, welchen Wert sie für eine dezentralisierte Globalisierung haben.

Derzeit erfolgt zum Beispiel die Verkehrssteuerung für Kraftfahrzeuge über zentrale Portale. Hierdurch sind massenhafte Überwachung und Manipulation möglich. Ein dezentralisiertes Konzept erlaubt Fahrzeugen und Ampeln eines kleinen Bereichs, z. B. innerhalb einer Funkzelle, sich möglichst autonom mit minimalem Datenaustausch abzustimmen. Ein solches Konzept ist wesentlich robuster als ein zentralisiertes Konzept.

GISAD-Gutachten bewerten, ob die Autonomie von Mensch und Maschine im Sinne der Dezentralisierung von Prozessen und Speicherorten gewährleistet ist und ob ein Eingriff Dritter nur innerhalb des jeweiligen Rechtsraums möglich ist.

3.4.1.3 Demokratische Errungenschaften der Autonomie des Einzelnen sichern!

Für die Autonomie von Menschen sind Freiräume durch anonymes, nicht überwachtes Handeln nötig. Viele personenbezogene Daten werden bei der Kommunikation von Systemen mit Menschen, aber auch in der Kommunikation zwischen den Systemen erhoben. GISAD erstellt Gutachten zur Anonymisierung von Prozessen. Jede nicht für den jeweiligen Prozess erforderliche Information sollte in der Kommunikation vermieden werden.

Um zum Beispiel etwas in einer autonomen Fabrik zu bestellen, sollen die Eigenschaften des Produkts genau beschrieben und ein Übergabepunkt der Ware vereinbart werden. Weder die Fabrik als Hersteller noch der Besteller müssen hierfür ihre Anonymität aufgeben, wenn sie mit anonymem digitalen Geld bezahlen.

GISAD-Gutachten nehmen dazu Stellung, ob Prozesse so weit wie möglich auf den Austausch personen- und maschinenbezogener Daten verzichten.

3.4.1.4 GISAD als Clearingstelle für Forschungsprojekte

GISAD hat einen neuen „call in horizon 2020" für ein Trusted Web 4.0 angeregt. Weitere regionale und überregionale Fördermöglichkeiten sollen genutzt werden.

GISAD übernimmt Koordinierungsaufgaben im Innenverhältnis zwischen den Forschungsprojekten bis hin zur Markteinführung. GISAD kümmert sich, soweit nötig und möglich, um die Erstellung neuer Standards und eine möglichst große Kompatibilität der Projekte untereinander. Idealerweise wird hierfür aus öffentlichen Mitteln ein eigener Etat zur Verfügung gestellt.

In Forschungsprojekten allgemein heute üblich, wird bereits bei der Beantragung die Vermarktungsfähigkeit berücksichtigt. In Zusammenarbeit mit GISAD sollen aus den Förderanträgen bereits frühzeitig funktionierende Geschäftsmodelle abgeleitet werden.

3.4.1.5 Die Organisation

Mitglieder sollten neben den Gründungsvorständen Organisationen/Unternehmen sein, welche die Anschubfinanzierung übernehmen und gleichzeitig als Multiplikatoren tätig sind. Es gibt Überlegungen, GISAD als gemeinnützigen Verein zu etablieren.

Mittelfristig will sich GISAD aus seinen Gutachten refinanzieren. In die Gutachtenerstellung (außer Standardgutachten zur Strukturrelevanz) sollen international aus den einzelnen Disziplinen namhafte Experten aus Politik, Wissenschaft und Wirtschaft eingebunden werden. Durch die Gründung eines Verbandes der Anonymisierer und Dezentralisierer will GISAD in einem zweiten Schritt ein entsprechendes Gewicht in der Durchsetzung seiner Ziele erreichen.

Zentralistische, hoch skalierbare Geschäftspläne, die kurzfristig hohe Gewinne erwarten lassen, bestimmen in den nächsten Jahren weiter die Wirtschaft. Erst mittelfristig wird sich zeigen, dass sich eine digitale Gesellschaft, die konsequent auf Dezentralisierung und Anonymisierung in der IT setzt, wesentlich stabiler gegenüber Bedrohungen verhält. Dies gilt sowohl bei Naturkatastrophen als auch im Cyber War. Alternative dezentrale

Geschäftsmodelle, mit denen man mit minimiertem Risiko hohe Gewinne erzielen kann, müssen sich bewähren.

Der Zeitfaktor für die Gründung von GISAD spielt eine erhebliche Rolle. Das Konzept muss zügig umgesetzt werden, sonst verhindert das eine oder andere totalitäre Szenario, ähnlich wie in den fiktiven Büchern von Olaf Berberich 2008, 2014d, 2015a und 2015b beschrieben, jegliche freie unternehmerische Tätigkeit.

3.4.2 Forschungsprojekte für ein persönliches digitales System

► Die letzten Zentimeter des Kundenzugangs entscheiden über die Partner mit nachhaltiger Teilhabe an der Wertschöpfung.

In diesem Buch sind verschiedene Ideen des Autors für ein PDS vorgestellt worden. Hierdurch wurde bewiesen, dass es keine grundsätzlichen technischen Hemmnisse gibt, ein PDS zu bauen. Trotzdem ist es noch ein langer Weg, bis ein massentaugliches PDS in den Markt eingeführt werden kann.

Möglicherweise ist die aktive Mitgestaltung des 5G-Standards die letzte Gelegenheit, die Errungenschaften der vordigitalen Demokratien über die Dezentralisierung und damit Demokratisierung der Kommunikationsstrukturen aufrecht zu halten. Die Zeit drängt also. Finanziert werden kann die Forschung aus noch nicht zweckgebundenen Fördermitteln des Bundes und der EU, hier „horizon 2020". Ebenfalls ist es möglich, bestehende Projekte leicht zu modifizieren.

Im Sinne einer freien Marktwirtschaft sollten unterschiedliche Ideen parallel gefördert werden. Im Folgenden habe ich Vorschläge für die aus meiner Sicht wichtigsten Trusted WEB 4.0 Forschungs- und Entwicklungsprojekte (F&E) festgehalten. Oft müssen nicht neue Projekte aufgesetzt werden. Es reicht, wenn die Ziele in vorhandenen Projekten leicht modifiziert werden.

3.4.2.1 Mindestanforderungen an ein PDS

- Die Usability darf sich nicht gegenüber vorhandenen Devices und Apps verschlechtern.
- Für den Nutzer wichtige Daten sind hardwaremäßig und softwaremäßig getrennt von Daten zu speichern, die mit Dritten verbunden werden.
- Das PDS dient als Ersatz für alle anderen Identifikations- und Authentifizierungsmethoden.
- Die Authentifizierung und Identifizierung in allen Bereichen erfolgt über einen im PDS integrierten dezentralen Schlüssel.
- Das PDS kann im Netz anonym oder pseudonymisiert bleiben.
- Über das PDS kann der Nutzer alle von ihm erzeugten Daten kontrollieren.
- Ein Kopierschutz verhindert Kopien im Internet bzw. trägt unberechtigte Kopierer in eine Blacklist ein.

Abb. 3.2 Forschungsprojekt Anonymisierung

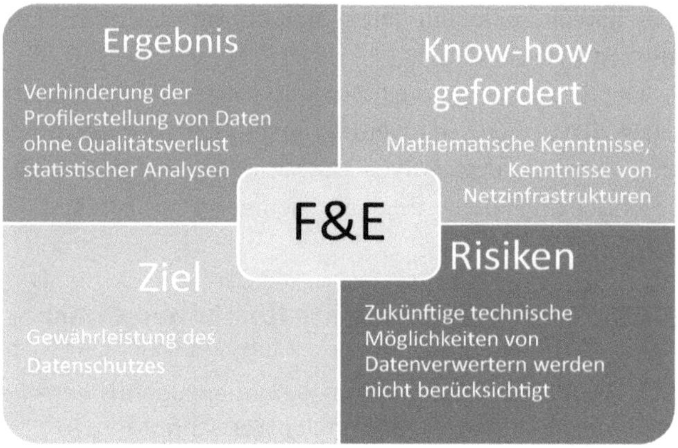

- Durch hardwaremäßige Trennung von Funkmodulen bleibt gewährleistet, dass sich Zugriffsrechte und Daten im Zusammenhang mit der Nutzerrolle als Privatperson, Arbeitnehmer oder Geheimnisträger nicht vermischen können.

3.4.2.2 Anonymisierungskonzept

In diesem Buch schlägt der Autor wesentliche Maßnahmen für den Datenschutz schon vor:

- Die Trennung der personenbezogenen Daten des PDS von allen anderen Daten führt dazu, dass persönliche Daten überhaupt nicht ins Netz gestellt werden.
- Wenn Logfiles nur dezentral beim entsprechenden Benutzer gespeichert werden und je Kategorie ein Einstieg mit einer eigenen zeitlich begrenzt vergebenen IP-Adresse erfolgt, wird die Erstellung von Profilen erheblich erschwert.

Trotzdem kann nicht ausgeschlossen werden, dass Daten, z. B. durch die Ermittlung des permanenten Standorts, einer Person zugeordnet werden können. Die Einführung des PDS sollte von weiterer Grundlagenforschung und Anwendungsforschung in der Frage begleitet werden, wie man die Zusammensetzung eines Gesamtprofils aus einzelnen Informationen verhindern kann (s. Abb. 3.2). Dabei muss es der Strafverfolgung in Zusammenarbeit mit einer regionalen Instanz möglich sein, im Einzelfall mit zumutbarem Aufwand ein Täterprofil zu erstellen. Weiterhin ist es für die Gesellschaft wichtig, aussagekräftige Statistiken zu erhalten, deren Analysequalität nicht wesentlich durch das Anonymisierungskonzept eingeschränkt wird.

3.4.2.3 Kopierschutz

Der tatsächliche Besitz von Daten durch einen Urheber beseitigt viele rechtliche Hemmnisse und Vertrauensprobleme.

Ähnlich wie in XML (Extensible Markup Language) der Content von den Stilen getrennt wurde, sollten in zukünftigen Dokumenten grundsätzlich anonymisierte oder pseud-

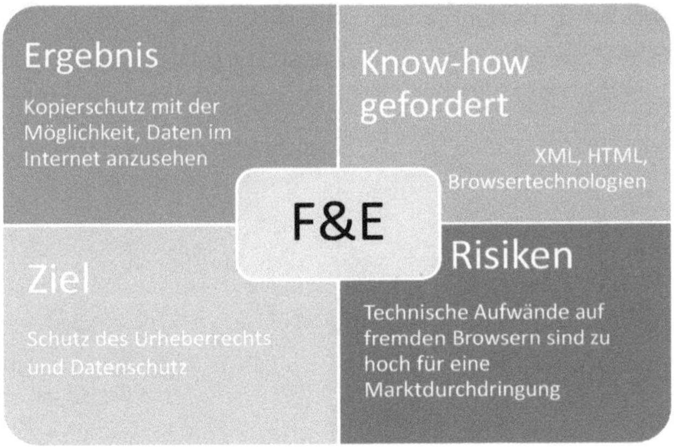

Abb. 3.3 Forschungsprojekt Kopierschutz

onymisierte Urheberrechtsvermerke enthalten sein. Im Ergebnis könnte ein Kopierschutz durch Verschlüsselung ähnlich funktionieren wie das derzeitige „HD+-Konzept" der privaten Fernsehkanäle.

Der Urheber sollte bestimmen können, ob seine Datei nur in einem zugriffsbeschränkten Intranet oder auch im Internet verwendet werden darf und ob Daten gedruckt werden dürfen. Durch den Aufbau eines Netzes im Netz mithilfe des Kategorienkonzepts (s. Kap. 2, Abschn. 2.1.3) und eines PDS, das von allen in diesem Konzept Integrierten benutzt wird, kann die Lösung aus einer Sender- und Empfängerkomponente bestehen. Da eine Kompromittierung der Datei und somit ein unerlaubter Zugriff durch Dritte nicht ausgeschlossen werden kann, sollte zusätzlich eine spezielle Mustererkennung entwickelt werden (s. Abb. 3.3), die im Falle des unerlaubten Verwendens der Datei die Kopie entdeckt und auf Wunsch des Urhebers einen Löschmechanismus auslöst.

3.4.2.4 Entnetzung von Smartphone-Apps

► Apps auf Smartphones fordern den Zugriff auf zahlreiche persönliche Daten. Der Nutzer vergibt an die Apps Rechte, ohne die Tragweite der Freigabe zu verstehen.

Als erster Schritt müssen in diesem Projekt personenbezogene Daten komplett von Software, die Profildaten benötigt, getrennt werden (s. Abb. 3.4).

Apps, welche unbedingt personenbezogene Daten benötigen, wie Telefonbuchfunktion, Telefonfunktion etc., sollen von Apps, welche Nutzerdaten an Dritte weitergeben, wie z. B. Lokalisierungsdienste, getrennt werden.

Es gibt zahlreiche Möglichkeiten, personenbezogene Profildaten zu erzeugen. Kann zum Beispiel dem Besucher einer Webseite kein Name zugeordnet werden, so ermöglicht das Setzen von Cookies oder bei IPv6 die Übernahme der Device-IMEI dennoch Profile zu erstellen. Es reicht eine Stelle aus, an der die Profile mit dem Personennamen und seiner

Abb. 3.4 Forschungsprojekt Entnetzung von Apps

Adresse verbunden werden, um diese Verknüpfung für alle gesammelten Daten zu nutzen. Auf der anderen Seite besteht die Notwendigkeit, Profildaten zum Beispiel für lokale Dienste zu verwenden. Diese Profildaten müssen jedoch nicht mit den personenbezogenen Daten verknüpft werden, sondern können alternativ mit einer Transaktionsnummer arbeiten.

Basis sollen bestehende Betriebssysteme wie Android sein.

3.4.2.5 Entnetzung von Smartphonehardware

- Alle Funkmodule bieten Angriffsmöglichkeiten zur Manipulation und Überwachung und sind von einem sicheren Hardwarekern zu trennen.

Ziel des Projekts ist es, die eigentliche Kernhardware der Smartphones nicht angreifbar zu machen (Abb. 3.5).

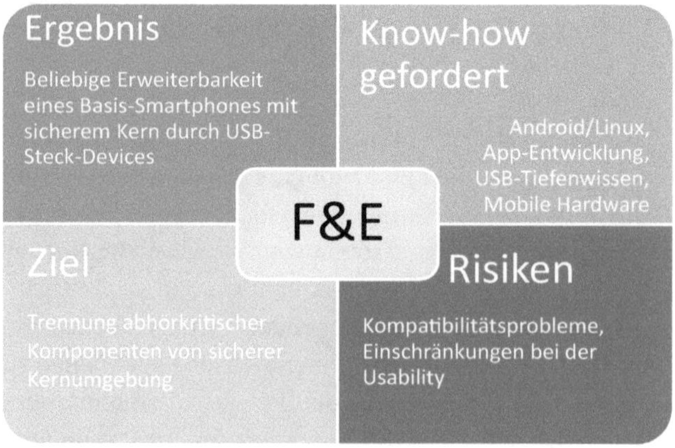

Abb. 3.5 Forschungsprojekt Entnetzung von Hardware

Es gibt bereits eine Patentanmeldung aus dem Jahr 2014 zu diesem Thema (Berberich 2014a). Über mehrere USB-Ports sollen Funkmodule und Module mit erweiterten Eigenschaften wie Video, Beamer etc. in einen Smartphonekern einsteckbar sein. Applikationen werden auf den USB-Devices und nicht auf dem Smartphonekern installiert.

Durch Ein- und Ausstecken einzelner Module soll der Anwender bewusst entscheiden können, welche Applikationen auf das Smartphone zugreifen können. Durch die ständig fortschreitende Miniaturisierung können die Devices selbst komplett eigenständig arbeitende Systeme sein, die jedoch nur auf das Display zugreifen können oder dem Smartphone eine Funkverbindung anbieten.

3.4.2.6 Zugriff über Devices auf einen Touchscreen

► Zum Erhalt der Usability sollen alle Apps weiterhin durch den gleichen Touchscreen angesteuert werden.

Der Touchscreen eines Smartphones soll über einsteckbare Module getrennt angesteuert werden können (s. Abb. 3.6).

Bereits jetzt gibt es Multitasking mit Windowed-Apps auf Android. Hier wird durch das gleichzeitige Verwenden einzelner Tasks die Möglichkeit geboten, auf mehreren Fenstern mit mehreren Anwendungen gleichzeitig zu arbeiten. Ziel des Projektes ist die Erhöhung der Sicherheit durch Trennung des sicherheitsrelevanten geschlossenen (ohne Updates) Smartphonekerns von über USB-Devices angebotenen Applikationen, welche zu den Anbietern oder Dritten eine Datenkommunikation aufbauen (z. B. Chartdienste, Lokalisierungsdienste etc.).

Sowohl die Videosignale als auch der Steuerungs-Handshake sollen also zwischen den Kernprozessor und den Prozessoren der einsteckbaren Module sicher geschaltet werden können.

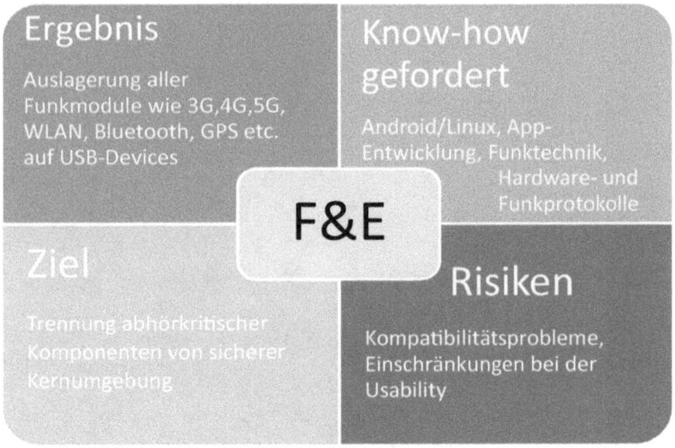

Abb. 3.6 Forschungsprojekt Zugriffssteuerung

3.4.2.7 5G-Ausbau ohne Antennenstation

► Für hohe Ausfallsicherheit und kurze Latenzzeiten soll ein dezentralisiertes Funknetz aufgebaut werden.

Ziel des Forschungsprojektes ist die Entwicklung von USB-Devices als Router für ein dezentralisiertes Mobilfunknetz auf Basis von 5G-Frequenzen (s. Abb. 3.7).

5G wird derzeit noch von den klassischen Konzepten der Mobilfunkanbieter getrieben. Hier geht man davon aus, dass wie bisher Antennen in Funkzellen mit Mobiltelefonen verbunden werden. Die 300-GHz-Technologie benötigt jedoch mindestens alle 2 km einen entsprechenden Sendemast. Dies ist ein enormer Finanzaufwand.

Alternativ können die Smartphones selbst die IP-basierten Datenpakete routen. Hierfür ist die weiter gehende Miniaturisierung von Funktechnik nötig. Eine zusätzliche Voraussetzung dafür ist die Dezentralisierung des Internets, wie ich sie im Projekt weltweiter Kategorienstandards vorschlage (siehe hierzu die entsprechenden Patentanmeldungen (Berberich 1999, 2014)).

3.4.2.8 Erstellung dezentraler symmetrischer Schlüssel

► Angriffsszenarien basieren auf Aufwandsschätzungen.
Vordigitale Sicherheit wird durch dezentral erzeugte Schlüssel für Angriffe unattraktiv.

Es sollen drei gleiche Schlüssel durch symmetrische Verschlüsselung (z. B. AES, Advanced Encryption Standard) erstellt und dezentral automatisch generiert werden (s. Abb. 3.8). Diese werden sicher an drei Stellen distribuiert.

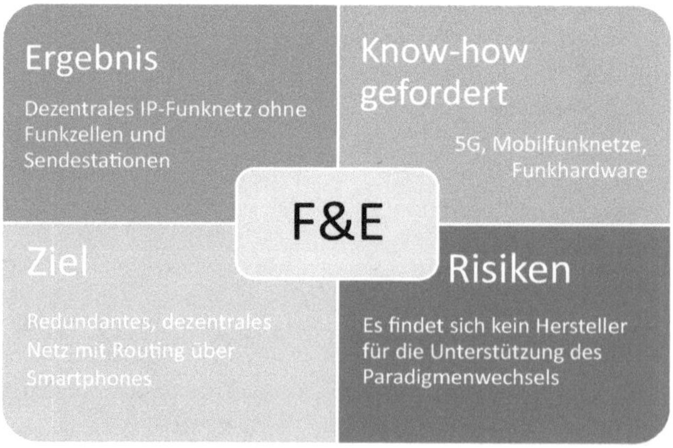

Abb. 3.7 Forschungsprojekt Mesh-Netzwerk

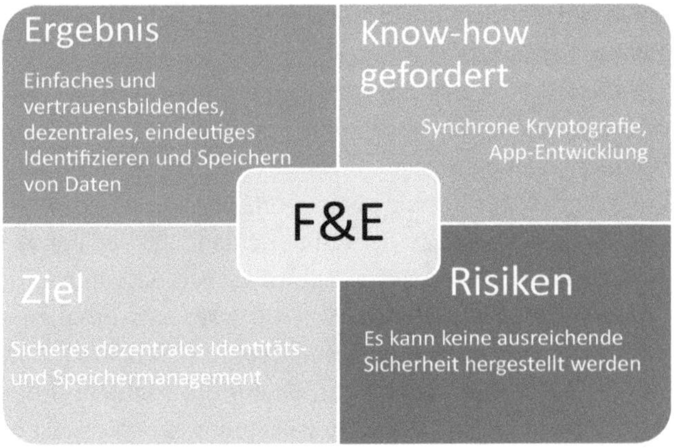

Abb. 3.8 Forschungsprojekt dezentraler Schlüssel

Wie in der GISAD-Stellungnahme zur Vorratsdatenspeicherung dargestellt, soll zumindest die vordigitale Sicherheit im Internet erreicht oder noch erhöht werden.

Im Zeitalter von Quantencomputern ist jede Public-Key-Struktur in kürzester Zeit zu knacken. Durch die dezentrale Schlüsselerzeugung, die symmetrische Verschlüsselungsart (z. B. über Zufallsverfahren) und die dezentrale Distribution (Tunnelung oder „point to point") gleicher Schlüssel an drei Partner (Behördenschlüssel, eigener Schlüssel, hinterlegter Zweitschlüssel) soll der Aufwand des Entschlüsselns so erhöht werden, dass sich nur in wenigen Fällen gezielte Angriffe rechnen.

3.5 Cloud ab 2020 – Dezentralisierte Softwareentwicklung

► Die Cloud ist prädestiniert für die Dezentralisierung.

Dieses Buch hat gezeigt, wie komplex im Detail die Idee eines Trusted Web ist. Dies ist der erste technische Ansatz, der technische Entwicklungen gesellschaftlichen und daraus abgeleitet rechtlichen und organisatorischen Notwendigkeiten unterordnet. Diese Notwendigkeiten ergeben sich, wenn man die Errungenschaften der vordigitalen Gesellschaft auf die digitale Transformation übertragen will. Sollte sich Trusted Web 4.0 durchsetzen, dann besteht die Hoffnung, dass der Mensch in seiner zukünftigen Entwicklung und in seiner Funktion als technikbeherrschendes Wesen nicht mehr in den Hintergrund gedrängt wird.

Von Datenschützern wird heute die Cloud sehr kritisch gesehen. Aber wie jede Technologie muss sie nur richtig ausgestaltet werden, um vom Menschen akzeptiert zu werden. Dezentralisierung funktioniert auch in der Cloud, sie ist sogar prädestiniert dafür. Wenn die notwendige Cloud-Standardisierung voranschreitet, dann können einzelne Datensätze oder Teile einzelner Datensätze in einem dem RAID-System vergleichbaren System bei verschiedenen Providern als Back-up an unterschiedlichen Stellen gespeichert sein. Nur personenbezogene Daten und der Schlüssel für den Zugang zu den gespeicherten Daten haben in der Cloud nichts zu suchen, sondern gehören in die unmittelbare physische Kontrolle des Urhebers.

Der offene OpenStack-Standard ermöglicht es, Marktplätze für Services in der Cloud aufzubauen, über die bestimmte Applikationen oder Funktionen durch Managed-Service-Provider angeboten werden. Die entsprechenden Provider sind 24/7 für die Verfügbarkeit und Integrität der Portale verantwortlich. Viele nichtpersonalisierte Daten oder Daten wie Webseiten, die sowieso der Öffentlichkeit zur Verfügung stehen, sind in der Cloud unkritisch, da keine Vertraulichkeit gewährleistet sein muss.

Aus Sicht eines Trusted Web 4.0 wäre es wünschenswert, wenn in Zukunft Services von den Kundendaten, insbesondere personenbezogenen Daten, getrennt funktionieren. Im Idealfall stellt man sich in Zukunft die benutzte Software aus vielen Einzelmenüs individuell von vielen Anbietern zusammen. Auch das ist eine Form von Dezentralisierung. Wenn diese Anbieter selbst für ihre Hardwarearchitektur verantwortlich sind, werden sie eine stabile Umgebung zur Verfügung stellen. Bei einem Angriff auf den Nutzer sind so nur Teile seiner Applikationen betroffen.

Es ist sowohl technisch als auch rechtlich viel einfacher, die Personalisierung gleich bei der Datenerstellung über ein PDS zu verwalten und von den anderen Daten zu trennen, als sich später Gedanken über eine aufwendige, datenschutzkonforme Konvertierung im Rahmen von Big Data zu machen.

Literatur

14. Frankfurter Symposium Compliance und Unternehmenssicherheit. 12. November 2015. Diverse Keynotes und Fazit der Podiumsdiskussion. Frankfurt: s.n., 12. November 2015.

Adelmann, Stefan. 2015. Milliardenwettstreit um entscheidende Frequenzblöcke. 2015, CRN Ausgabe 7.

Airdata AG. 2011. Pressemeldung. http://www.airdata.ag (Erstellt: 24. Juni 2011). Zugegriffen: 2. März 2015

ARD/ZDF. 2014. Onlinestudie 2014: Internetnutzer in Deutschland 1997 bis 2014. http://www.ard.de. Zugegriffen: 20. Mai 2015

Beiersmann, Stefan. 2015. Hacking-Team-Leaks: Adobe warnt vor weiteren Zero-Day_lücken in Flash Player. http://www.zdnet.de (Erstellt: 13. Juli 2015). Zugegriffen: 15. Juli 2015

Berberich, Olaf. 1997–2014. Verschiedene Pilotprojekte zum TRUSTED WEB 4.0. [Online] 1997-2014. [Zitat vom: 15.8.2015.] shop.get-primus.de/index.php?id-category=16&controller=category&id_lang=2.

Berberich, Olaf. 1999. PCT/EP 1 389 317 search machine. Europapatent.

Berberich, Olaf. 2008. *7/11 Insiderstory des Wandels in Deutschland 1999-2015*. Krefeld: BOD.

Berberich, Olaf. 2009–2011. Jung hilft Alt Konzept. [Online] 2009 - 2011. [Zitat vom: 15.8.2015.] shop.get-primus.de/index.php?id-category=18&controller=category&id_lang=2.

Berberich, Olaf. 2013. Mitlese-Affaire? Werden jetzt bei uns Briefe mitgelesen. blog.get-primus.de. Zugegriffen: 18. Nov. 2013

Berberich, Olaf. 2014a. Antrag 10 2014 001 762.1, Verfahren für ein abhörsicheres Smartphone. Deutschland, 2014.

Berberich, Olaf. 2014b. Antrag 10 2014 001 901.2, Verfahren zum abhörsicheren dezentralen Speichern. Deutschland, 2014.

Berberich, Olaf. 2014c. Antrag: 10 2014 010 757.4, Verfahren für ein dezentralisiertes anonymisiertes Kommunikationsnetzwerk. Deutschland, 2014.

Berberich, Olaf. 2014d. *6/11 Global Spy Pact Quadrilla X von 2013 bis 2020*. Krefeld: Kindle Edition.

Berberich, Olaf. 2015a. 4/11 der Waffenstillstand 2022 bis 2032. Krefeld: Vorexemplare auf Anfrage unter shop.get-primus.de, 2015.

Berberich, Olaf. 2015b. 5/11 Der globale WEB Widerstand 2016 bis 2023. Krefeld: Vorexemplare auf Anfrage unter shop.get-primus.de, 2015.

O. Berberich, *Trusted Web 4.0 – Konzepte einer digitalen Gesellschaft*, Xpert.press,
DOI 10.1007/978-3-662-49190-4

Berberich, Olaf. 2016. *Trusted Web 4.0 – Bauplan für die digitale Gesellschaft* (Kap. 2, Abschn. 2.5). Heidelberg, Berlin: Springer Vieweg.

Berberich, Olaf, und Ingrid Schmidt. 1991. *Theorie und Praxis der Alphabetisierung Erwachsener*, 222. Köln: Forschungsstelle für Patholinguistik.

Biselli, Anna. 2015. Deutschland rechtfertigt VDS vor EU-Kommission: Zwischen den Zeilen mehr Gründe dagegen als dafür. http://www.netzpolitik.org (Erstellt: 18. Nov. 2015). Zugegriffen: 26. Nov. 2015

Body of European Regulators for Electronic Communications (BEREC). 2015. BEREC Workshop on Oligopolies, Analysis and Regulation, Public Debriefing 22nd BEREC Plenary, Brussels. http://berec.europa.eu (Erstellt: 4. März 2015). Zugegriffen: 7. März 2015

Bostrom, Nick. 2014. *Superintelligenz*. Oxford: Suhrkamp.

Boué, Thomas. 2015. Mehr Kooperation bitte!. http://www.theeuropean.de (Erstellt: 17. Juni 2015). Zugegriffen: 17. Juli 2015

Brandt, Mathias. 2015. Vorgestellt Studie von Adobe und PageFair. http://de.statistika.com (Erstellt: 10. Aug. 2015). Zugegriffen: 18. Aug. 2015

Brasel, S.Adam., und J. Gips. 2011. Media Multitasking Behavior, Concurrent Television and Computer Usage. *Cyberpsychologie, Behavior, and Social Networking* 14(9):527–534.

BSI, BVS, BKA, BND. 2014, 2012. Sonderbericht Wirtschaftsschutz, 1. Sonderausgabe Cybersicherheit. 2014,12.

Bundesamt für Sicherheit in der Informationstechnik. 2008a. BSI_Standard 100-1, Version 1.5. http://bsi.bund.de. Zugegriffen: 6. Juli 2015

Bundesamt für Sicherheit in der Informationstechnik. 2008b. *BSI-Standard 100-2, IT-Grundschutz-Vorgehensweise, Version 2.0*. Bonn: BSI.

Bundesamt für Sicherheit in der Informationstechnik. 2008c. BSI-Standard 100-3, Version 2.5. http://bsi.bund.de. Zugegriffen: 7. Juli 2015

Bundesamt für Sicherheit in der Informationstechnik. 2008d. *BSI-Standard 100-4, Notfallmanagement, Version 1.0*. Bonn: BSI.

Bundesamt für Sicherheit in der Informationstechnik. 2008e. *BSI-Standard 100-4, Notfallmanagement, Version 1.0*, 52.

Bundesamt für Sicherheit in der Informationstechnik. 2008f. BSI-Standard 100-4, Version 1.0, S. 4. http://bsi.bund.de. Zugegriffen: 7. Juli 2015

Bundesamt für Sicherheit in der Informationstechnik. 2009. IT-Grundschutz-Kataloge: G 2.147 Fehlende Zentralisierung durch Peer-to-Peer. http://www.bsi.bund.de. Zugegriffen: 23. Juni 2015

Bundesamt für Sicherheit in der Informationstechnik. 2014. IT-Grundschutzkatalog, B5.24 Web-Service. http://www.bsi.bund.de. Zugegriffen: 1. Juli 2015

Bundesamt für Sicherheit in der Informationstechnik. 2015. Cyber-Sicherheits-Umfrage 2015 - Die Anzahl der erfolgreichen Cyber-Angriffe nimmt zu. https://www.bsi.bund.de (Erstellt: 6. Okt. 2015). Zugegriffen: 16. Okt. 2015

Bundesamt für Statistik. 2015, Januar. Arbeit und Erwerb, Panorama. 2015, Januar.

Bundesministerium des Innern. 2015. E-Government Initiative. http://www.personalausweisportal.de. Zugegriffen: 13. Okt. 2015

Bundesministerium für Gesundheit. 2015. Themen/Krankenversicherung/E-Health-Gesetz. http://www.bundesgesundheitsministerium.de (Erstellt: 3. Juli 2015). Zugegriffen: 9. Okt. 2015

Bundespolizei. 2015. Was ist EasyPASS-RTP?. http://www.easypass.de. Zugegriffen: 13. Okt. 2015

Bundesverband Digitale Wirtschaft e. V. 2014. BVDW-Studie: Social Media in Unternehmen, Seite 27. http://de.statista.com/statistik/daten/studie/164027/umfrage/risiken-bei--nutzung-von-social-media-durch-organisationen. Zugegriffen: 3. Juli 201

CAR IT. 2014. Wem gehören die Daten aus dem Auto?. http://www.car-it.com (Erstellt: 30. Jan. 2014). Zugegriffen: 9. Okt. 2015

2012. Charta der Grundrechte der Europäischen Union, Artikel 8: Schutz personenbezogener Daten. 2012/C 326/02, eur-lex.europa.eu, 2012.

Clauß, Ulrich. 2014. Cybercrime schadet Deutschland am stärksten. http://www.welt.de (Erstellt: 9. Juni 2014). Zugegriffen: 17. Juli 2015

Dehmel, Susanne. 2013. BITKOM Studie: Bring Your Own Device. http://www.bitkom.org. Zugegriffen: 7. Juli 2015

Der Landesschutzbeauftragte für den Datenschutz Niedersachsen. 2015. Personalmanagementverfahren. www.lfd.niedersachsen.de. Zugegriffen: 1. Juli 2015

Deutsche ACCUmotive GmbH & Co.KG. 2015. Mercedes-Benz Energiespeicher. http://www.schlauspeichern.de. Zugegriffen: 14. Okt. 2015

Deutsche Wirtschaftsnachrichten. 2015. WTO: Die Globalisierung hat ihren Höhepunkt überschritten. http://www.deutsche-wirtschafts-nachrichten.de (Erstellt: 29. Aug. 2015). Zugegriffen: 5. Okt. 2015

Dewald, Andreas. 2012. Formalisierung digitaler Spuren und ihre Einbettung in die forensische Informatik. Erlangen: Dissertation an der Technischen Fakultät der Universität Erlangen-Nürnberg, 2012.

Die Bundesbeauftragte für den Datenschutz und die Informationsfreiheit. 2015. Miniaturisierung der Informations- und Kommunikationstechnik. http://www.bfdi.bund.de. Zugegriffen: 13. März 2015

Die Welt. 2015. RCT: Anschläge von Paris: Deutsche befürworten Steuererhöhung im Anti-Terror-Kampf. http://www.welt.de (Erstellt: 19. Nov. 2015). Zugegriffen: 26. Nov. 2015

Die Zeit. 2015a. AFP: Nato: Pariser Anschläge sind Angriff auf die Demokratie. http://www.zeit.de (Erstellt: 15. Nov. 2015). Zugegriffen: 26. Nov. 2015

Die Zeit. 2015b. sk: Selektorenliste: BND belauschte deutschen Diplomaten. http://www.zeit.de (Erstellt: 11. Nov. 2015). Zugegriffen: 3. Dez. 2015

Dropbox. 2015a. AGB. http://www.dropbox.com (Erstellt: 1. Mai 2015). Zugegriffen: 15. Mai 2015

Dropbox. 2015b. Angaben zum Datenschutz. http://www.dropbox.com (Erstellt: 13. Febr. 2015). Zugegriffen: 13. Mai 2015

Dückers, Anja. 2015. Flüchtlinge sind eher Opfer als Täter. http://www.zeit.de (Erstellt: 22. Nov. 2015). Zugegriffen: 27. Nov. 2015

Eckert, Claudia. 2015. *Security im Zeitalter von Industrie 4.0 und Internet der Dinge* Hacker & BIG Data Day 2015, 30. September 2015. Vortrag, Bonn.

eco-Verband der deutschen Internetwirtschaft e. V. 2015a. Pressemitteilung: Internet der Dinge: Überforderung für den Verbraucher?. www.eco.de (Erstellt: 31. Juli 2015). Zugegriffen: 5. Aug. 2015

eco-Verband der deutschen Internetwirtschaft e. V. 2015b. eco Report: M2M Future Trends 2015. http://www.eco.de (Erstellt: 1. Juli 2015). Zugegriffen: 11. Aug. 2015

E-Health Blog. 2015. Was ist E-Health? https://ehealthblog.de/ehealth. Zugegriffen: 9. Okt. 2015

EnBW. 2015. *Clever sparen als Energie-Selbstversorger. Mit der Photovoltaik-Komplettlösung der EnBW*. Karlsruhe: EnBW Energie Baden-Württemberg AG.

Ericsson. 2014. *9. Intelligente Sensornetze – Geschäftspotentiale und technische Herausforderungen* Workshop bei Ericsson im Rahmen einer Veranstaltung des ITK.NRW.

Europäische Union. 2015. Die Symbole der EU. http://www.europa.eu. Zugegriffen: 15. März 2015

Facebook. 2015. Facebook Unternehmensinformation. http://www.facebook.com/legal/terms (Erstellt: 30. Jan. 2015). Zugegriffen: 15. Juli 2015

Faigle, Philip und Schlieritz, Mark. 2015,9. Google zerschlagen? [Online] 2015,9.

FAZ. 2015. bard: Kritik am Ausnahmezustand: Wie ein Spinnennetz über ganz Frankreich. http://www.faz.net (Erstellt: 24. Nov. 2015). Zugegriffen: 26. Nov. 2015

Fischer, Malte. 2015. Abschaffung von Münzen und Scheinen. Rettet das Bargeld!. http://www.wiwo.de (Erstellt: 18. Mai 2015). Zugegriffen: 21. Mai 2015

Fleisher, Lisa. 2015. Google bestätigt Pläne für ein eigenes Mobilfunk-Angebot. http://www.finanzen (Erstellt: 2. März 2015). Zugegriffen: 7. März 2015

Focus. 2015. HAST/DPA: BKA-Präsident: So viele Terroranschläge wurden in Deutschland seit 2000 vereitelt. http://www.focus.de (Erstellt: 13. Mai 2015). Zugegriffen: 27. Nov. 2015

Gehlen, Martin. 2015. Der IS drängt nach Europa. http://www.zeit.de (Erstellt: 18. Mai 2015). Zugegriffen: 24. Nov. 2015

Gesellschaft der Arbeit und Ergonomie online e. V. 2015. Menschengerechte Arbeitsgestaltung. http://www.ergo-online.de (Erstellt: 1. Jan. 2015). Zugegriffen: 17. Aug. 2015

getTIME.net GmbH. 2011–2013. Social Media Booster, zur anonymisierten Distribution von Inhalten zu den üblichen Social Media Plattformen. [Online] 2011-2013. [Zitat vom: 5.6.2013.] http://www.getmysense.com.

Golod, V. 2015. Das Internet lacht über Thomas De Maizière. http://www.rp-online.de (Erstellt: 18. Nov. 2015). Zugegriffen: 25. Nov. 2015

Google. 2015a. selfdrivingcar. https://www.google.com. Zugegriffen: 9. Okt. 2015

Google. 2015b. Unternehmensgeschichte im Detail. www.google.de/about/company/history/. Zugegriffen: 6. März 2015

GraTeach GmbH/getTIME.net GmbH. 1997 bis 2013. www.citythek.de. [Online] 1997 bis 2013. http://www.grateach.de.

Greis, Friedhelm. 2015. NSA soll Daten von Ausländern nach fünf Jahren löschen. http://www.golem.de (Erstellt: 3. Febr. 2015). Zugegriffen: 15. März 2015

Grochla, E. 1972. Grundlagen der Organisation, S. 6. http://michael.hahsler.net. Zugegriffen: 6. Juli 2015

Gropp, Martin. 2014. Woran das europäische Netz noch hängt. http://www.faz.net (Erstellt: 19. Febr. 2014). Zugegriffen: 5. März 2015

Hampton, Keith et al. 2014. Social Media and the ‚Spiral of Silence. http://www.pewinternet.org (Erstellt: 26. Aug. 2014). Zugegriffen: 9. Juli 2015

Haufe. 2015. Digitalisierung bei Gericht: Gesetz zur Förderung des elektronischen Rechtsverkehrs läutet Abschied vom Papier ein. http://www.haufe.de. Zugegriffen: 3. Dez. 2015

HaushaltsSteuerung. 2015. Staatsverschuldung in der Europäischen Union, Abbildung 5: Staatsdefizit, bzw. Staatsüberschuss der EU-Länder 2014 nach Maastricht-Vertrag im Vergleich (in Prozent des BIP. http://www.haushaltssteuerung.de (Erstellt: 23. Apr. 2015). Zugegriffen: 20. Juli 2015

Hesse, Carsten. 2015. Methoden des Social Engeneerings. http://www.riskworkers.com. Zugegriffen: 1. Juli 2015

Hochschild, U. 2012. ehemaliger Richter: Idee und Wirklichkeit der Gewaltenteilung in Deutschland, 12. Warum der Widerstand gegen die Verwirklichung des Gewaltenteilungsprinzips?. http://www.gewaltenteilung.de. Zugegriffen: 3. Dez. 2015

Hoeren, Thomas. 2015. Eine Unverschämtheit – der Regierungsentwurf zur WLAN-Haftung. blog.beck.de (Erstellt: 15. März 2015). Zugegriffen: 26. Mai 2015

Hoffmann, Christian. 2014. Warum die eID-Funktion des neuen Personalausweises (noch) keinen Erfolg hat. http://www.government2020.de (Erstellt: 4. März 2014). Zugegriffen: 13. Okt. 2015

Huber, Frank, Frederik Meyer, und Ute Strickborn. 2011. *Online Avatare zur Steigerung der Markenloyalität*, 1. Aufl., 42. Lohmar: Josef Eul.

IBM X-Force. 2015,Q1. Security-Report. 2015,Q1.

ITDaily. 2014. 84 % der Verluste im IT-Sicherheitsbereich werden durch menschliche Aktivitäten verursacht. http://www.it-daily.net (Erstellt: 4. Apr. 2014). Zugegriffen: 17. Aug. 2015

Jäger, Moritz. 2015. Blockchain, Eine Technik zwischen Hype und Wirtlichkeit. http://www.golem.de/news/blockchain-eine-technik-zwischen-hype-und-wirklichkeit-1510-116573-3.html (Erstellt: 2. Okt. 2015). Zugegriffen: 4. Jan. 2016

Jäger, Thomas. 2015. Diesen drastischen Schritt erwog Merkel wohl in der Schuldenkrise. http://www.focus.de (Erstellt: 7. Juli 2015). Zugegriffen: 9. Juli 2015

Jeschke, Sabine. 2014. Clustermanagement ITK.NRW: Kybernetik und die Intelligenz verteilter Systeme. http://itk.nrw.de. Zugegriffen: 2. März 2015

Kahle, Christian. 2014. „Passwort" ist nicht mehr meistgenutztes Passwort. http://www.winfuture.de (Erstellt: 20. Jan. 2014). Zugegriffen: 15. Mai 2015

Kaps, R. 2015. Ausgabe 10: Freifunker kritisieren Gesetzesvorlage zur Störerhaftung. http://www.heise.de (Erstellt: 6. März 2015). Zugegriffen: 15. März 2015

Knocke, Felix. 2014. Cloud-Mining: Informatiker warnen vor Bedrohungen der Kryptowährung Bitcoin. http://www.spiegel.de (Erstellt: 16. Apr. 2014). Zugegriffen: 20. Mai 2015

Kötzsch, Tobias. 2014. Android läuft auf fast 85 % aller Smartphones. http://www.Golem.de (Erstellt: 1. Aug. 2014). Zugegriffen: 2. Okt. 2015

KPMG International. 2015. Metalsmith or Grid Master: The automotive industry at the crossroads of an highly digitalized age, S. 7 ff. 2015.

Kremp, Matthias. 2015. Spiegel: Android-System: Forscher kopieren Fingerabdrücke von Smartphones. http://www.spiegel.de (Erstellt: 7. Aug. 2015). Zugegriffen: 11. Aug. 2015

Kreutzer, T., und K.-H. Land. 2015. *Dematerialisierung, Die Neuverteilung der Welt in Zeiten des digitalen Darwinismus, Sonderedition der T-Systems Multimedia Solutions*. Köln: FutureVision-Press e. K.

Kuhn, Johannes. 2015. Erst Bitcoin, dann die Welt. http://www.sueddeutsche.de (Erstellt: 12. Jan. 2015). Zugegriffen: 4. Jan. 2016

leParisien. 2015. AFP: Lutte contre Deach: le porte-avions Charles-de-Gaulle s'apprête à quitter Toulon. http://www.leparisien.fr. Zugegriffen: 25. Nov. 2015

Lobo, Sacha. 2015. Ausweitung der Überwachung: Geheimdienste lesen nicht mal Zeitung. http://www.spiegel.de (Erstellt: 25. Nov. 2015). Zugegriffen: 30. Nov. 2015

LTE-Anbieter.info. 2015. 5G: Alles zum LTE-Nachfolger der Zukunft. www.lte-anbieter.info. Zugegriffen: 1. Juli 2015

Manager Magazin. 2015. Nur noch 43 Prozent der Deutschen trauen Volkswagen. http://www.manager-magazin.de (Erstellt: 9. Okt. 2015). Zugegriffen: 9. Okt. 2015

Mäurer, Lutz. 2013. Geschichte des Guerillakriegs. http://www.if-zeitschrift.de (Erstellt: 4. Dez. 2013). Zugegriffen: 6. Juli 2015

Mayrhofer, Stefan. 2015. Sprachassistenten im Vergleich, Siri gegen Cortana gegen Google Now. www.itonews.de (Erstellt: 25. Aug. 2015). Zugegriffen: 26. Aug. 2015

Monroy, Matthias. 2014. Bundespolizei stellt automatisierte Kontrollgates für neue EU-Vorratsdatenspeicherung auf. http://www.heise.de (Erstellt: 24. Feb. 2014). Zugegriffen: 13. Okt. 2015

Mücke, Sturm & Company. 2015. Smart Home Markt, Marktwachstum trotz Barrieren. http://www.crn.de (Erstellt: 3. März 2015). Zugegriffen: 13. Aug. 2015

Mühlbauer, Holger. 2015. Bundesverband IT-Sicherheit warnt vor Absenkung des IT-Sicherheitsniveaus durch TTIP. https://www.teletrust.de

Norton, William B. und Summa, Harald A. 2014. Internet Peering Playbook. s. l.: DE-CIX, 2014.

Ohly, Ansgar. 2014. Vorlesungsprotokoll WS 2014/14 IUrheberrecht, Universität LMU München, Lehrstuhl für Bürgerliches Recht, Recht des geistigen Eigentums und Wettbewerbsrecht. http://www.zr11.jura.uni-muenchen.de/downloadarchiv/urhr_ws_13_14.pdf. Zugegriffen: 12. Juli 2015

Park, Enno. 2014. Google erkennt Katzen und weiß nicht warum. blog.zdf.de (Erstellt: 29. Jan. 2014). Zugegriffen: 7. Aug. 2015

Phillips, Claire, Patrick Wintour, und Justin McCúrry. 2015. High degree of certainty' that US strike killed Mohammed Emwazi. http://www.theguardian.com. Zugegriffen: 25. Nov. 2015

Ponemon Institute LLC. 2015. 2015 Cost of Data Breach Study: Global Analysis. http://www.01-ibm.com. Zugegriffen: 6. Juli 2015

Prestashop. 2015. Prestashop Marketplace. addons.prestashop.com. Zugegriffen: 21. Mai 2015

PWC. 2014. Ein Bericht von PwC in Zusammenarbeit mit Iron Mountain: Über die guten Absichten hinaus. Abbildung 1,4, Seite 7. http://www.pwc.de (Erstellt: 1. Juni 2014). Zugegriffen: 20. Aug. 2015

Reißmann, Ole. 2013. Sendungsverfolgung: Deutsche Post erfasst nur Adressen, keine Namen. http://www.spiegel.de (Erstellt: 2. Aug. 2013). Zugegriffen: 8. Juli 2015

Reuters. 2015. Nine of the World's Biggest Banks Form Blockchain Partnership. https://recode.net (Erstellt: 15. Sep. 2015). Zugegriffen: 4. Jan. 2016

Ronning, Gerd, et al. September 2005. Band 4, S. 53. Wiesbaden: Statistisches Bundesamt, September 2005.

Schönefeld, Frank. 2015. *Digitale Transformation gestalten. Folie 12: Verlustrisiken aus digitaler Transformation* Hacker & BIG Data Day 2015, 30. September 2015. Bonn: T-Systems Multimedia Solutions GmbH.

Schulte, Samba. 2015. *Die Wanze in der Hosentasche.* 2015, CRN Nr. 20, 15. Mai, S. 3.

Secunia. 2015. Secunia Country Reports für das dritte Quartal 2014. http://www.secunia.com. Zugegriffen: 1. Juli 2015

Spiegel. 2014a. EU-Parlamentspräsident: Schulz sieht Freiheit durch Digitalisierung bedroht. http://www.spiegel.de (Erstellt: 5. Feb. 2014). Zugegriffen: 15. März 2015

Spiegel. 2014b. ihü: Übernahmegespräche: Telekom will T-Online an Springer verkaufen. http://www.spiegel.de (Erstellt: 20. Dez. 2014). Zugegriffen: 8. März 2015

Spiegel. 2015a. aar/dpa/AFP: Cyberangriff auf US-Behörde, Hacker erbeuten 5,6 Millionen Fingerabdrücke. http://www.spiegel.de (Erstellt: 24. Sep. 2015). Zugegriffen: 9. Okt. 2015

Spiegel. 2015b. Abgas-Skandal: Die Welt gegen Volkswagen. http://www.spiegel.de (Erstellt: 26. Sep. 2015). Zugegriffen: 9. Okt. 2015

Spiegel. 2015c. syd/AFP/dpa:Cyberangriff in den USA: Hacker erbeuten Daten von vier Millionen Regierungsangestellten. http://www.spiegel.de (Erstellt: 5. Juni 2015). Zugegriffen: 17. Juli 2015

Spiegel/Wikileaks. 2015. MGB: Wikileaks-Dokumente: NSA spionierte Kanzleramt seit Jahrzehnten aus. http://www.spiegel.de (Erstellt: 8. Juli 2015). Zugegriffen: 9. uli 2015

Stangl. 2014. Eidetisches Gedächtnis. http://lexikon.stangl.eu/667/eidetisches%20Gedächtnis. Zugegriffen: 13. Mai 2015

Statista. 2015. BVWD: Deutschland: 12.12.2013 bis 08.01.2014, 340 Social Media Nutzer. http://www.statista.de (Erstellt: 5. März 2015)

Statistisches Bundesamt. 2015. 13. koordinierte Bevölkerungsvorausberechnung, Statistisches Bundesamt Wiesbaden 2015. http://www.destatis.de. Zugegriffen: 18. Aug. 2015

Stricker, Hans Peter. 1996. Internet: Agenten im Netz, Bilder der Wissenschaft. www.wissenschaft.de (Erstellt: 1. Okt. 1996). Zugegriffen: 10. Aug. 2015

Tanriverdi, Hakan. 2015a. Bürgerkrieg in Syrien: Das Internet wird als Waffe eingesetzt. http://www.sueddeutsche.de (Erstellt: 5. Jan. 2015). Zugegriffen: 24. Nov. 2015

Tanriverdi, Hakan. 2015b. Das Internet wird als Kriegswaffe eingesetzt. http://www.sueddeutsche.de (Erstellt: 5. Jan. 2015). Zugegriffen: 14. Okt. 2015

Tanriverdi, Hakan. 2015c. Silicon Valley gegen die NSA. www.sueddeutsche.de/digital/kryptografie-debatte-silicon-valley-gegen-die-nsa-1.2432893 (Erstellt: 13. Apr. 2015). Zugegriffen: 15. Mai 2015

Thoma, Jörg. 2015. dpa: Bundestagsnetz wird abgeschaltet und IT-System neu aufgesetzt. http://www.golem.de (Erstellt: 3. Juli 2015). Zugegriffen: 13. Juli 2015

Thun, und Friedmann Schulz von Thun. 2015. Grafik wurde von Olaf Berberich anhand des 4-Seiten Modells erstellt. https://de.wikipedia.org/wiki/Friedemann_Schulz_von_Thun (Erstellt: 5. Aug. 2015). Zugegriffen: 5. Aug. 2015

Verband Deutscher Maschinen- und Anlagenbau (VDMA). 2015. Industrie 4.0: Chance für Europa, 10-Punkte-Plan für die Umsetzung von Industrie 4.0 in Europa. http://www.vdma.org. Zugegriffen: 10. Okt 2015

Vertrieb Digittrade GmbH. 2015. Hochsicherheitsfestplatte mit USB 3.0, HS256 S3. http://www.gigittrade.de

viruslist. 2015. Neues BIOS-Implantat und Tool zum Aufspüren von Sicherheitslücken debütieren auf der CanSecWest. http://www.viruslist.com (Erstellt: 25. März 2015). Zugegriffen: 7. Juli 2015

Weiss, Marcel. 2015. Bitcoin: Nicht die Währung sondern die Blockchain ist die Revolution. http://www.neunetz.com (Erstellt: 29. Jan. 2015). Zugegriffen: 4. Jan. 2016

Wendt, Johannes. 2014. Das Google Amt. http://www.zeit.de (Erstellt: 19. Mai 2014). Zugegriffen: 6. März 2015

Wietfeld, Cristian. 2013. *Kommunikationsnetzwerke für Cyber Physical Systems, Clustermanagement ITK.NRW*

Wikipedia. 2014. Elektronische Gesundheitskarte. http://de.wikipedia.org. Zugegriffen: 9. Okt. 2015

Wikipedia. 2015a. Android. http://de.wikipedia.org. Zugegriffen: 2. Okt. 2015

Wikipedia. 2015b. Apple M7. https://de.wikipedia.org. Zugegriffen: 14. Okt. 2015

Wikipedia. 2015c. ASGW. http://de.wikipedia.org. Zugegriffen: 6. Juli 201

Wikipedia. 2015d. Biometrie. https://de.wikipedia.org/wiki/Biometrie (Erstellt: 1. Juli 2015). Zugegriffen: 11. Aug. 2015

Wikipedia. 2015e. Crowdfunding. https://de.wikipedia.org. Zugegriffen: 9. März 2015

Wikipedia. 2015f. eCl@ss. https://de.wikipedia.org/wiki/ECL@ss (Erstellt: 1. Juli 2015). Zugegriffen: 10. Aug. 2015

E-Mail. 2015g. Zitat vom. http://de.wikipedia.org (Erstellt: 5. Juli 2015). Zugegriffen: 9. Juli 2015

Wikipedia. 2015h. Fahrzeuggetriebe. https://de.wikipedia.org. Zugegriffen: 9. Okt. 2015

Wikipedia. 2015i. Gescheiterter Staat, gesehen 9.7.2015. http://de.wikipedia.org. Zugegriffen: 8. Juli 2015

Wikipedia. 2015j. Geschichte der Zeitmessgeräte. https://de.wikipedia.org/wiki/Geschichte_der_Zeitmessgeräte (Erstellt: 2. Aug. 2015). Zugegriffen: 2. Aug. 2015

Wikipedia. 2015k. Guerillataktik veröffentlicht Johann von Erwalt 1785 seine Abhandlung. http/de.wikipedia.de. Zugegriffen: 15. Juli 2015

Wikipedia. 2015l. Netzwerkprotkoll. https://de.wikipedia.org/wiki/Netzwerkprotokoll (Erstellt: 7. Aug. 2015). Zugegriffen: 7. Aug. 2015

Wikipedia. 2015m. Pull-Medien. https://de.wikipedia.org/wiki/Pull-Medien (Erstellt: 10. Aug. 2015). Zugegriffen: 11. Aug. 2015

Wikipedia. 2015n. Prothese. https://de.wikipedia.org/wiki/Prothese (Erstellt: 6. Aug. 2015). Zugegriffen: 6. Aug. 2015

Wikipedia. 2015o. Protokoll. https://de.wikipedia.org/wiki/Protokoll (Erstellt: 7. Aug. 2015). Zugegriffen: 7. Aug. 2015

Wikipedia. 2015p. Selbstfahrendes Kraftfahrzeug. https://www.wikipedia.org. Zugegriffen: 9. Dez. 2015

Wikipedia. 2015q. Terroranschläge am 13. November 2015 in Paris. https://www.wikipedia.org. Zugegriffen: 25. Nov. 2015

Wikipedia. 2015r. Vorwärtsfehlerkorrektur. http://de.wikipedia.org. Zugegriffen: 6. Juli 2015

Wirtisch, Manfred, und Bernd Matouschek. 2001. Macht und Sprache. www.eduhi.at/dl/MachtSprache.pdf (Erstellt: 1. Jan. 2001). Zugegriffen: 5. Aug. 2015

Witkowski, Martin. 2014. Unidirektionale Netzwerke (Data Diode. http://www.itsecblog.de (Erstellt: 22. Dez. 2014). Zugegriffen: 1. Juli 2015

Zdrzalek, Lukas. 2015. Bleiberecht. http://www.zeit.de (Erstellt: 15. Juni 2015). Zugegriffen: 14. Okt. 2015

Ziercke, Jörg, und Dieter Kempf. 2014. Pressekonferenz zu Cybercrime, S. 7. https://www.bitkom.org/Presse/Anhaenge-an-PIs/2014/August/140827_BITKOM_Charts_PK_Cybercrime_mit_BKA_28_07_14.pdf (Erstellt: 27. Aug. 2014). Zugegriffen: 3. Mai 2015

Sachverzeichnis

FSC
www.fsc.org
MIX
Papier | Fördert gute Waldnutzung
FSC® C083411

Kolibri 360 GmbH
Ferdinand-Jühlke-Straße 7
99095 Erfurt, Deutschland
produktsicherheit@kolibri360.de